Solweig de Barry
Zwischen Dicht und Dünn

Kunstverein Heilbronn

Snoeck

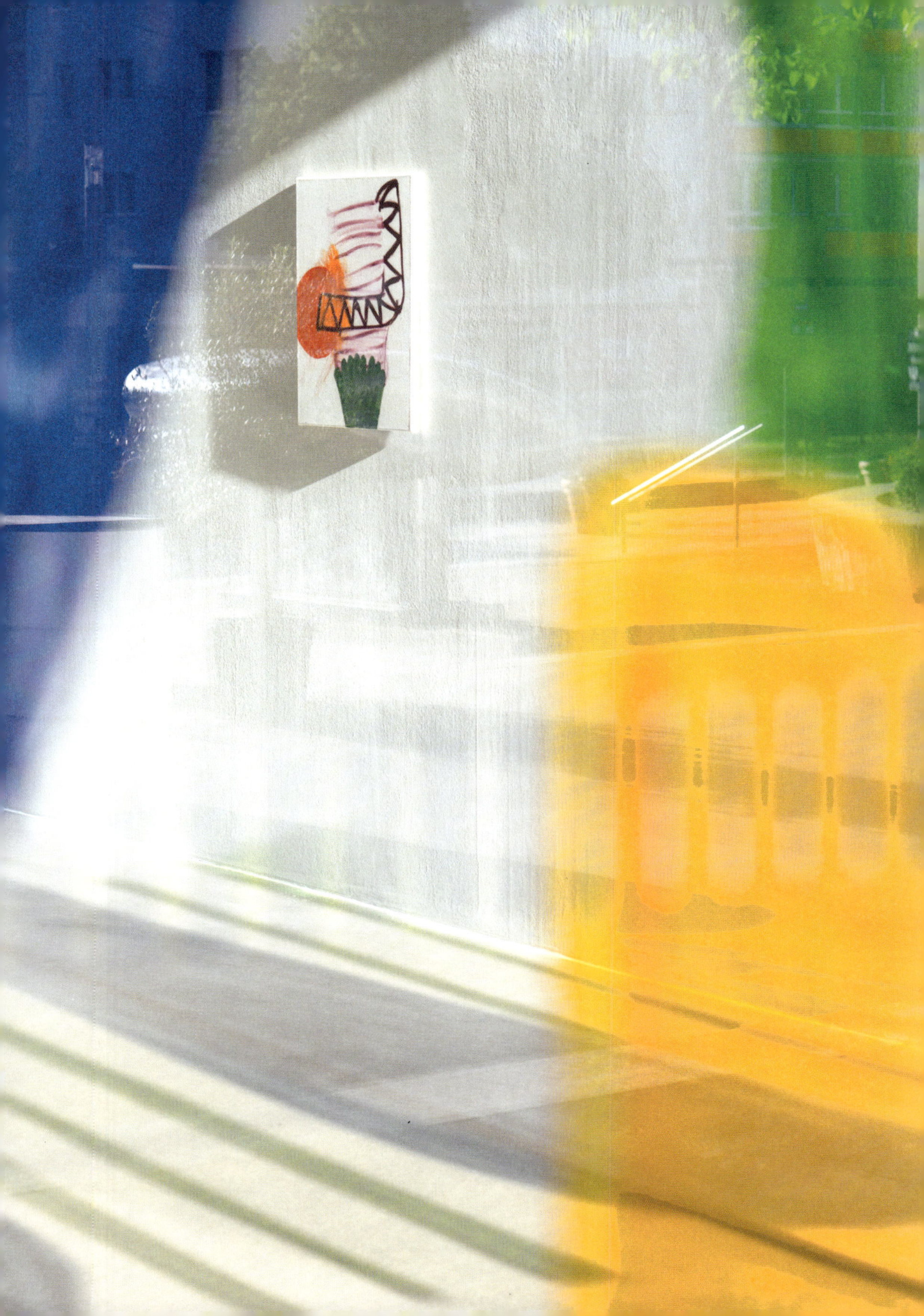

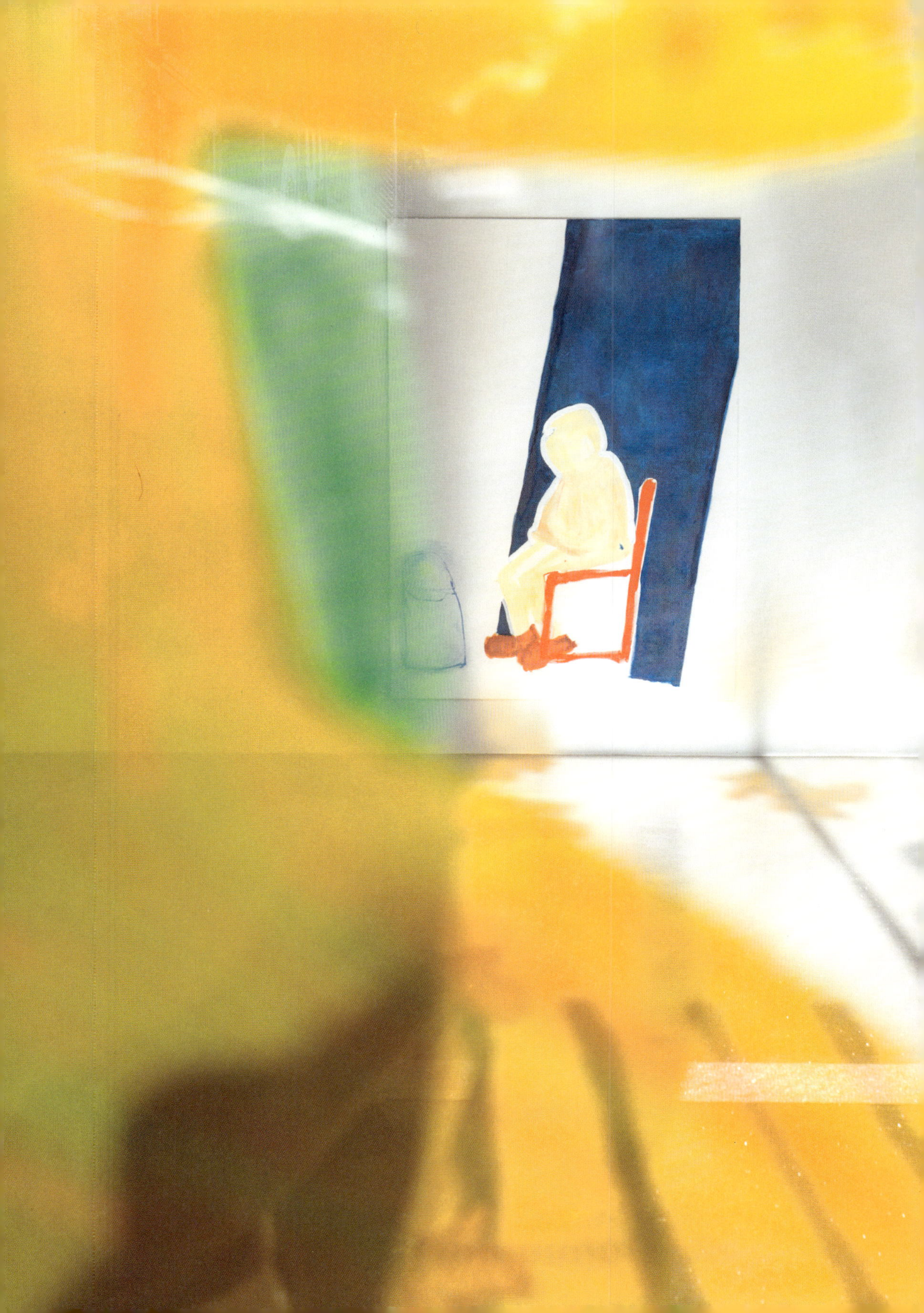

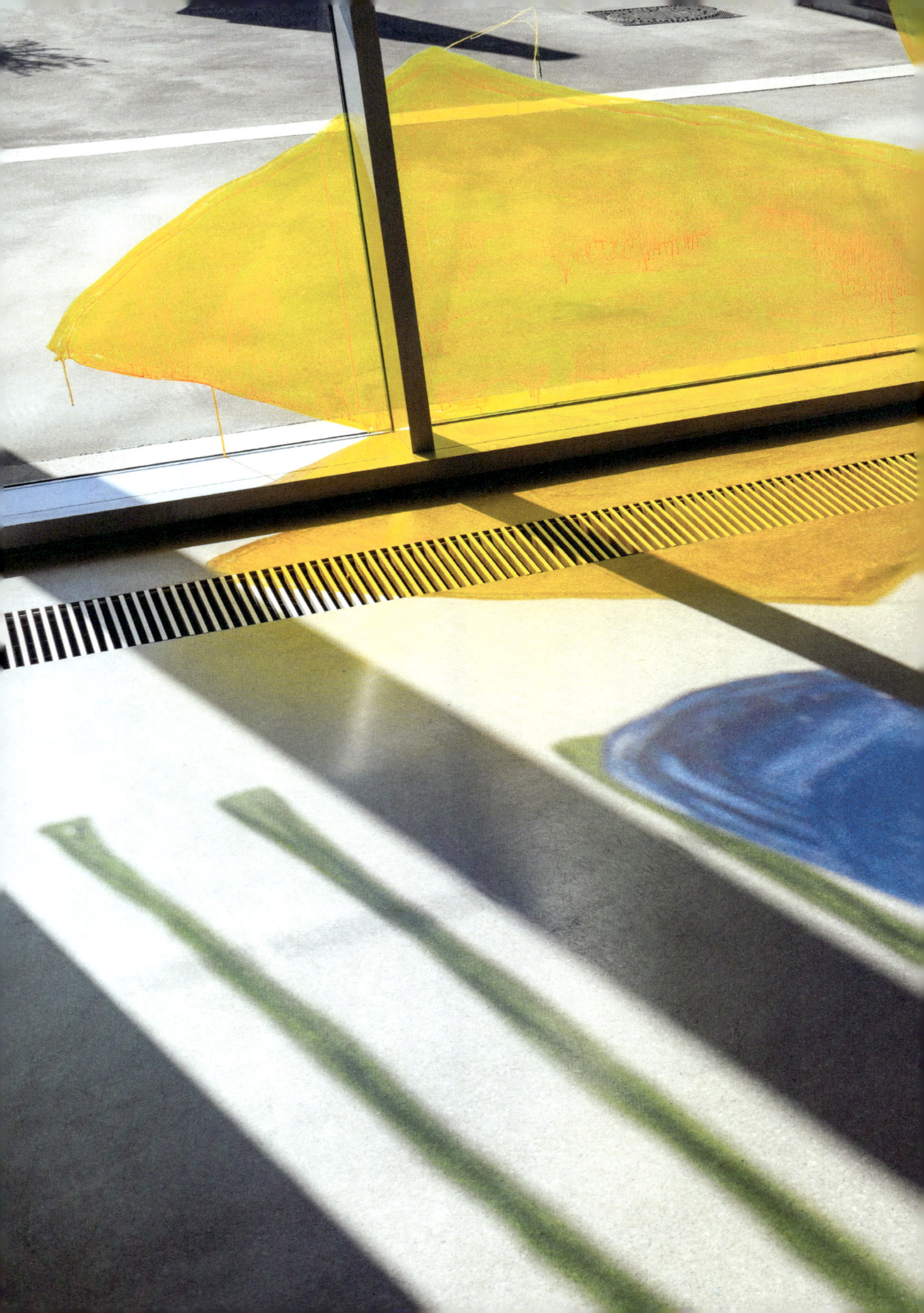

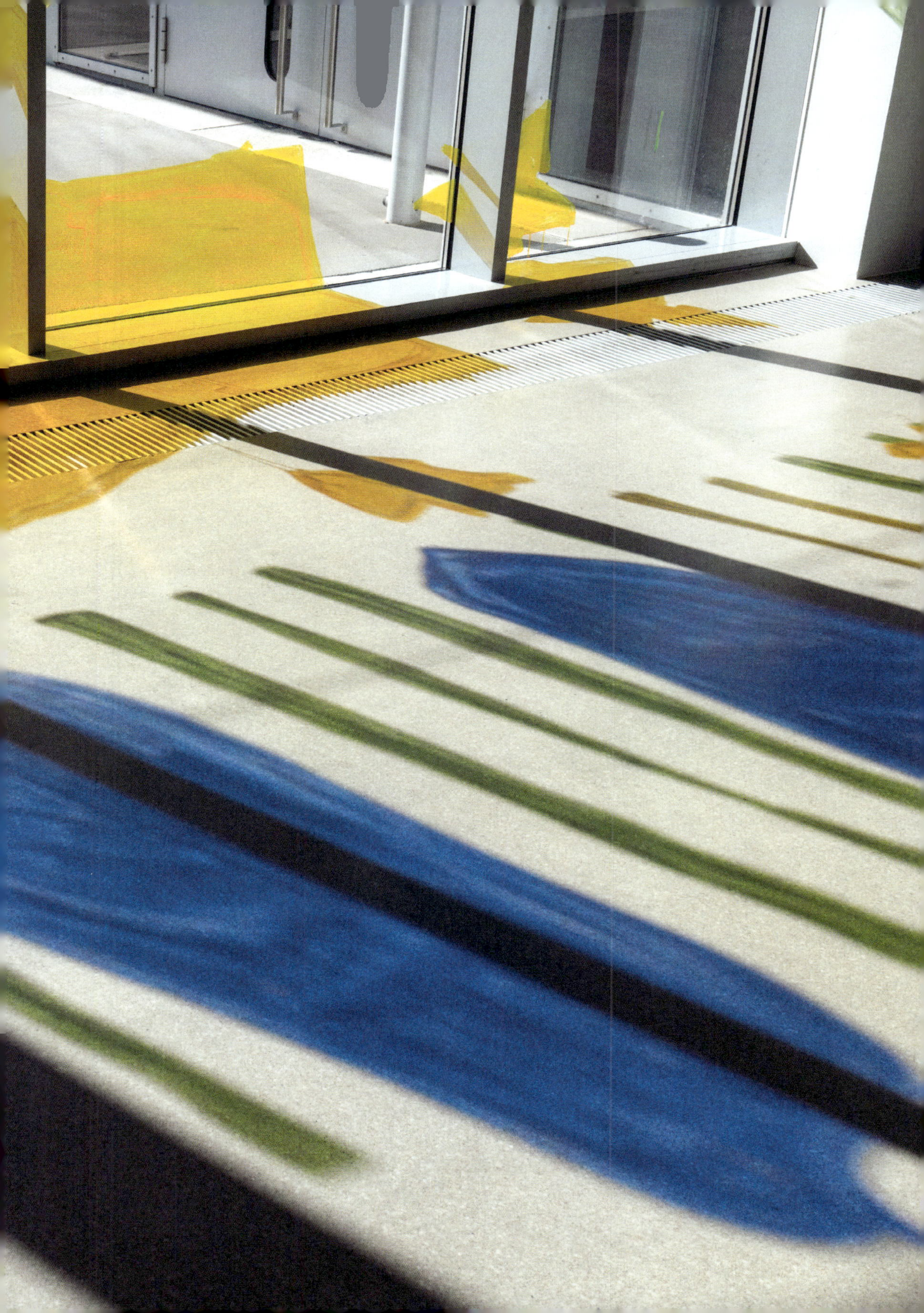

Oszillierend zwischen Andeutung und Ausformulierung, zwischen konzeptueller Distanz und Intuition, zwischen Gegenständlichkeit und Abstraktion, zwischen spielerischer Leichtigkeit und präziser Entscheidung bewegt sich die Malerei von Solweig de Barry.

Die Künstlerin nutzt zunächst private Fotos als Ausgangspunkt. Meist sind es Menschen aus ihrem nächsten Umfeld, die dort abgelichtet sind. Im Prozess der Malerei tritt diese private Geschichte allerdings in den Hintergrund. Als kleines Zitat verweist Solweig de Barry bisweilen im Titel der Bilder noch auf das ursprüngliche Motiv, so z. B. bei der Arbeit „Beste Freundin" oder „Frühstückstisch I" und „Frühstückstisch II". Doch im Arbeitsprozess selbst ist das Foto für die Künstlerin nicht mehr als eine erste formale Skizze ohne narrative Bezüge. Die Bildmotive werden abstrahiert, neu zusammengesetzt oder schlicht weggelassen und auch ergänzt. Eine Dekonstruktion des Gegebenen und die Neukonstruktion von Formen und Farben, das sind die Bewegungen, die Solweig de Barry sowohl auf dem Papier als auch parallel auf der Leinwand immer wieder durchspielt, variiert und neu formuliert.

So entsteht eine fragmentarische wie gestische Malerei der Andeutung und formalen Präsenz. Dabei gibt die Künstlerin Einblicke in den Arbeitsprozess, ihre Korrekturen und Übermalungen bleiben präsent. Der Entstehungsprozess ist sichtbar und wirkt doch rätselhaft. Die intellektuelle Befragung von Malerei nach ihren Motiven, Farbflächen, Formen und Linien, dem Malprozess und deren Gesten findet zudem Niederschlag in ihren ernsthaften wie spielerischen Materialexperimenten.

Dazu gehört seit 2023 auch die Beschäftigung mit der Glasmalerei. In Heilbronn hat sie nun eine große Malerei auf den Fensterscheiben des Kunstvereins realisiert. „Kirschblütenfest" lautet der Titel der Arbeit. Drei blaue Figuren stehen in einer angedeuteten Wiese, über ihnen abstrahierte Blüten in Gelb. Schon seit der frühen Gotik stellen sich Künstler*innen die Frage, wie sie mit Licht malen können. Über

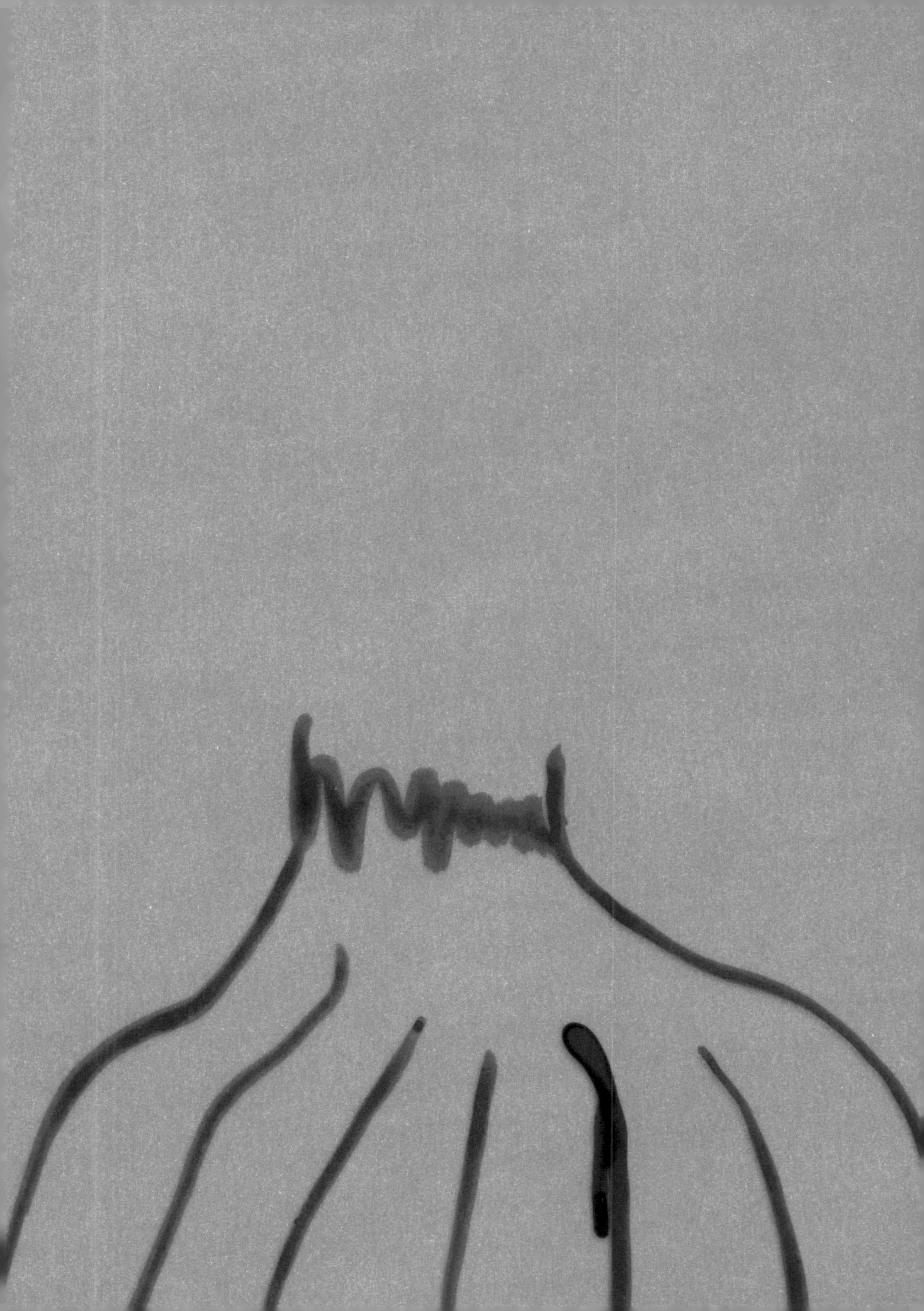

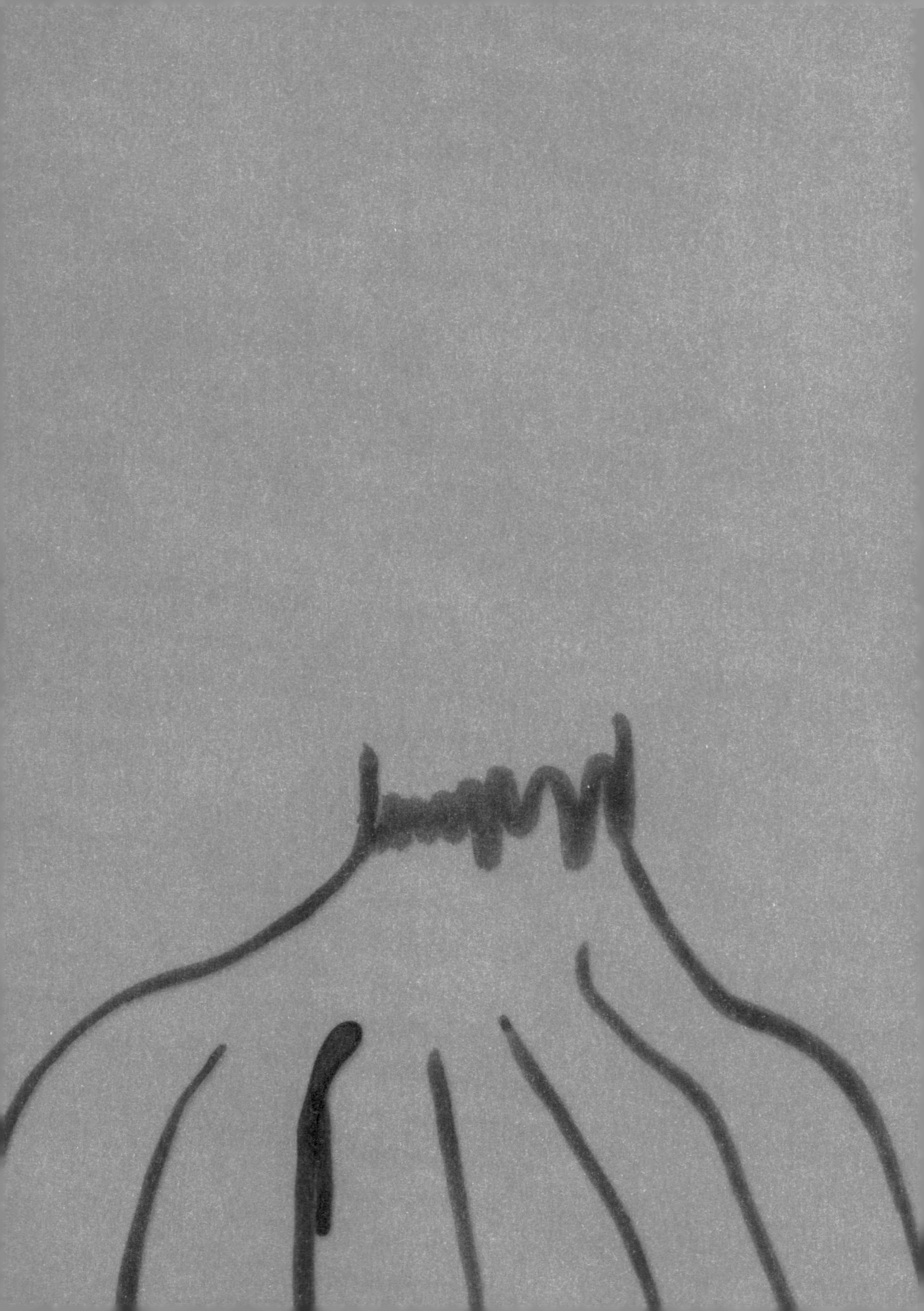

die Jahrhunderte gibt es dafür eindrucksvolle Zeugnisse, etwa in den Kathedralen von Chartres oder Amiens, der Kapelle Notre Dame du Haut in Ronchamp von Le Corbusier, bis hin zu den Glasfenstern zeitgenössischer Künstler, wie etwa Gerhard Richter in Tholey oder jüngst Olafur Eliasson in Greifswald, um hier nur diese wenigen zu nennen. Allen gemeinsam ist, dass Farbe und Glas transluzid sind. Im Gegensatz dazu werfen nämlich handelsübliche Farben, die auf die Scheibe aufgetragen werden, wie z. B. Lacke oder Fingerfarben, einen grauen Schatten. Solweig de Barry hat mit verschiedenen Materialien experimentiert und verwendet schließlich Tusche als Malmittel, um den gleichen transluziden Effekt zu erreichen wie bei den klassischen Glasfenstern. Solweig de Barry erweitert so die zweidimensionale Malerei in den Raum, arbeitet mit Spiegelungen und Wiederholungen und integriert die Bewegung der Sonne und des Lichts. Das Gelb strahlt reflektierend, die Figuren werfen schwebend ihren blauen Schatten. Wenn am späteren Nachmittag durch den Lauf der Sonne die Schatten auf die Wände gewandert sind, ist das ursprüngliche Bildmotiv noch einmal stärker in abstrakte Formen verwandelt. Die farbigen Schatten treten dann in einen Dialog mit den dort hängenden Bildern. Bewusst haben wir die Ausstellung in die Sommerzeit gelegt, so ist jeden Nachmittag für mehrere Stunden das zauberhafte Farbenspiel im Raum zu beobachten.

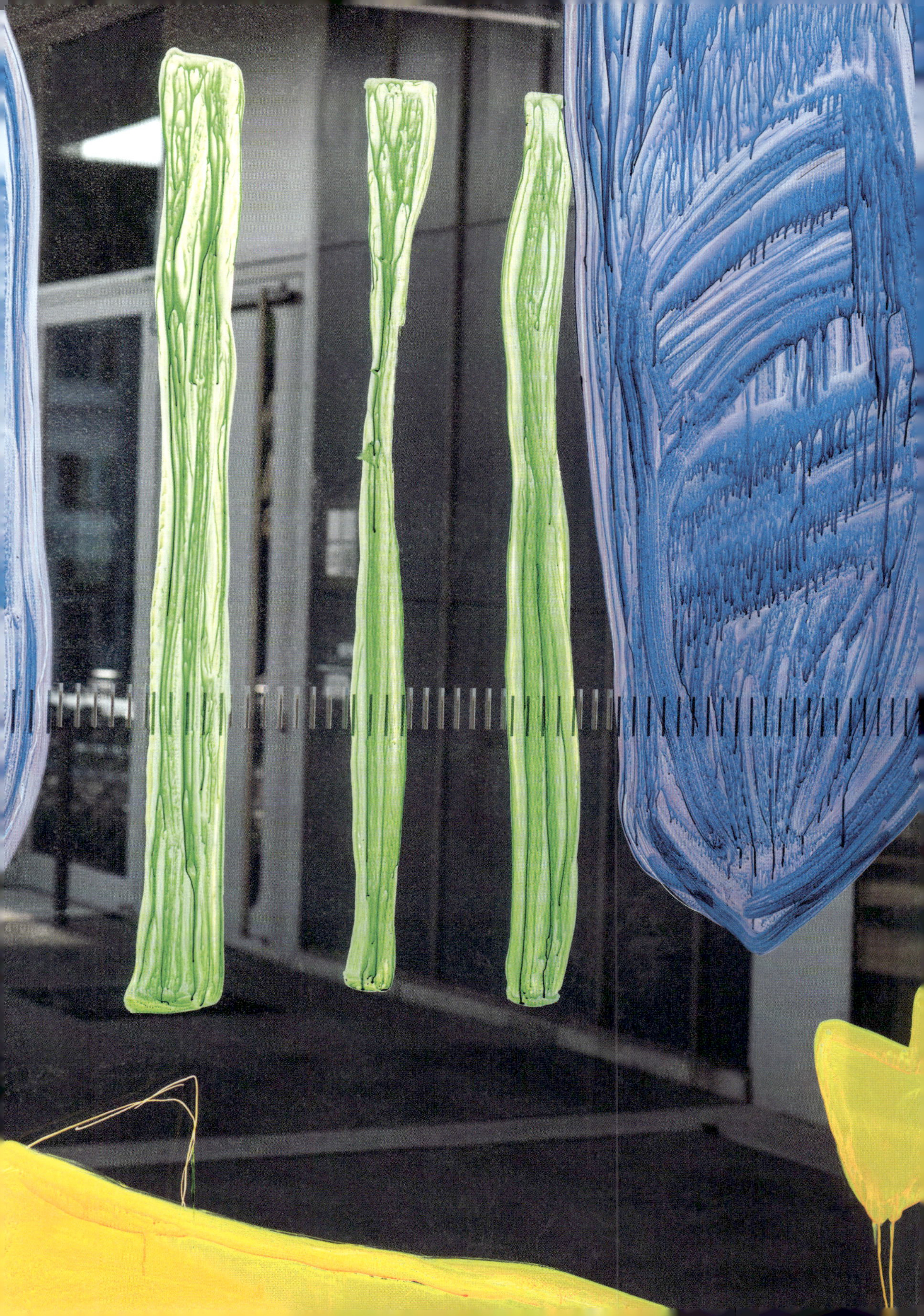

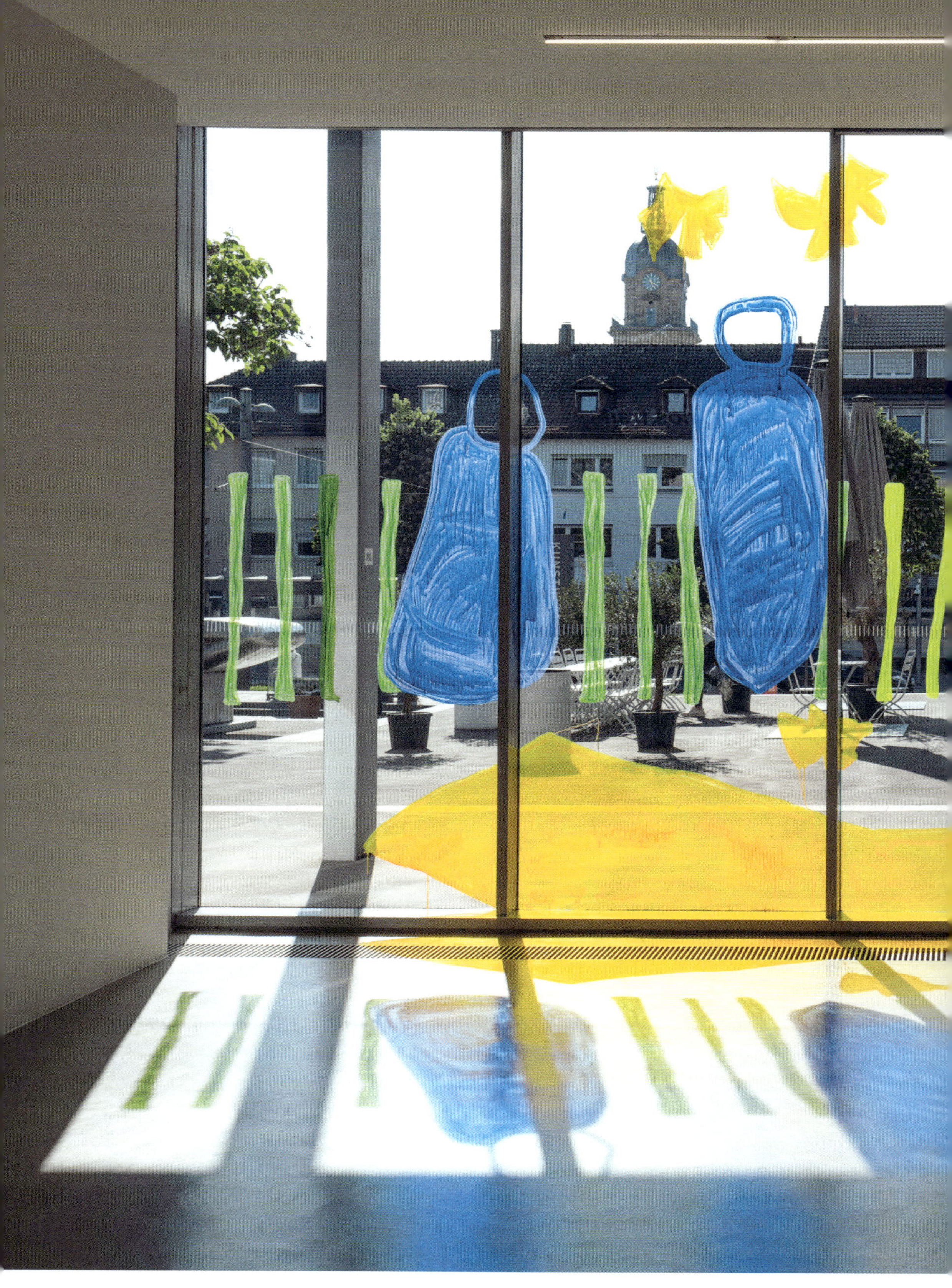

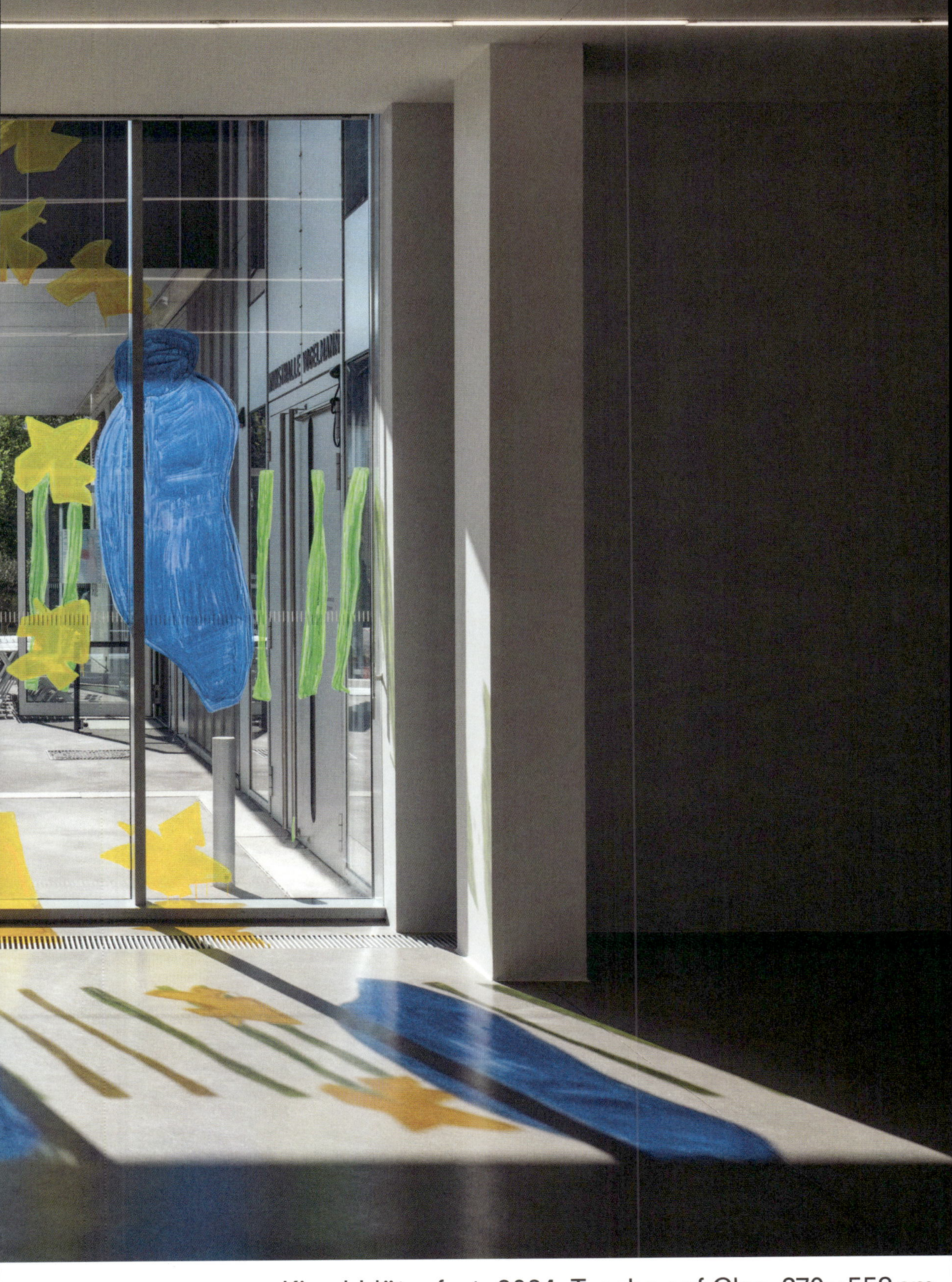

Kirschblütenfest, 2024, Tusche auf Glas, 370 × 558 cm

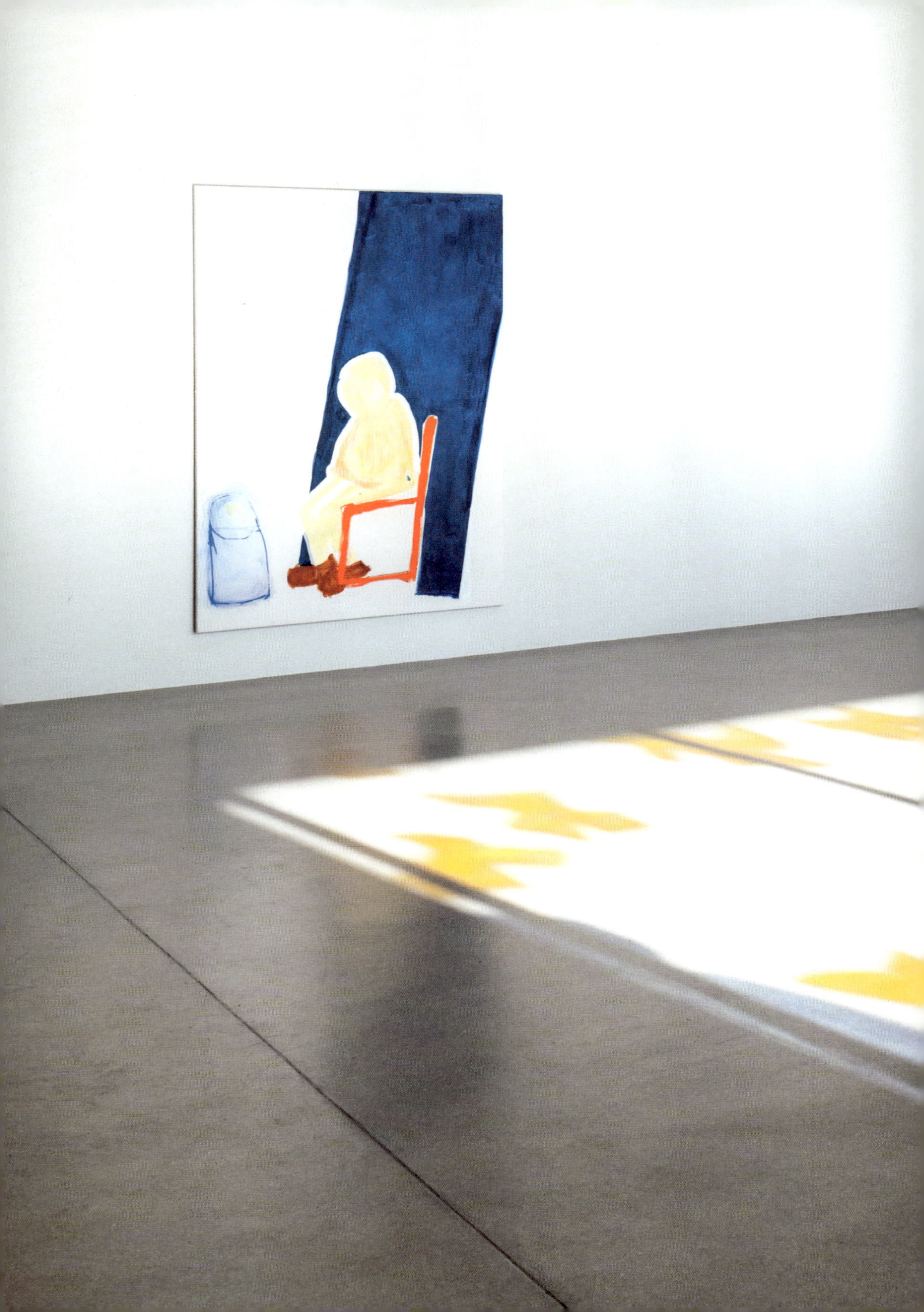

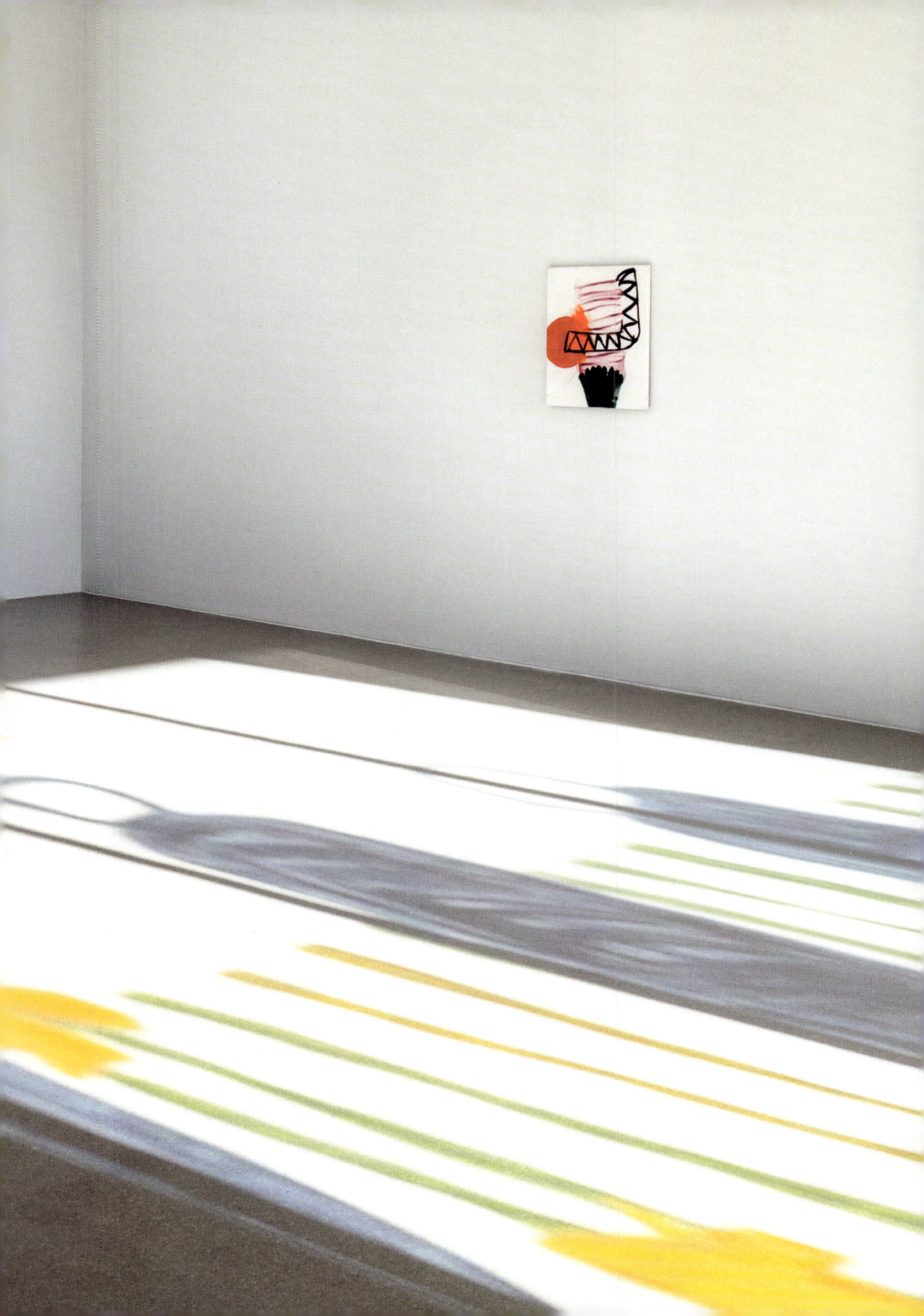

La peinture de Solweig de Barry oscille entre suggestion et formulation, distance conceptuelle et intuition, figuration et abstraction, légèreté ludique et décision précise.

L'artiste utilise d'abord des photos personnelles comme point de départ. Ce sont souvent des personnes de son entourage qui y sont représentées. Cependant, dans le processus de peinture, cette histoire personnelle passe au second plan. Comme une petite citation, Solweig de Barry fait parfois référence dans le titre des tableaux au motif original, par exemple dans les œuvres « Beste Freundin » (meilleure amie) ou « Frühstückstisch I » et « Frühstückstisch II » (table du petit déjeuner I et II). Mais dans le processus de travail lui-même, la photo n'est pour l'artiste qu'une première esquisse formelle sans références narratives. Les motifs des tableaux sont abstraits, recomposés ou simplement omis et également complétés. Une déconstruction du donné et une reconstruction des formes et des couleurs, tels sont les mouvements que Solweig de Barry ne cesse d'explorer, de varier et de reformuler, tant sur le papier que parallèlement sur la toile.

Ainsi naît une peinture fragmentaire et gestuelle de suggestion et de présence formelle. L'artiste donne ainsi un aperçu du processus de travail, ses corrections et ses surimpressions demeurant présents. Le processus de création est visible et pourtant énigmatique. Le questionnement intellectuel de la peinture sur ses motifs, ses surfaces colorées, ses formes et ses lignes, le processus pictural et ses gestes se reflète en outre dans ses expérimentations matérielles à la fois ludiques et profondes.

Depuis 2023, elle s'intéresse également à la peinture sur verre. À Heilbronn, elle vient de réaliser une grande peinture sur les vitres du Kunstverein. « Kirschblütenfest » (Fête des cerisiers en fleurs) est le titre de l'œuvre. Trois personnages bleus se tiennent dans une prairie suggérée, au-dessus d'eux des fleurs abstraites de couleur jaune.

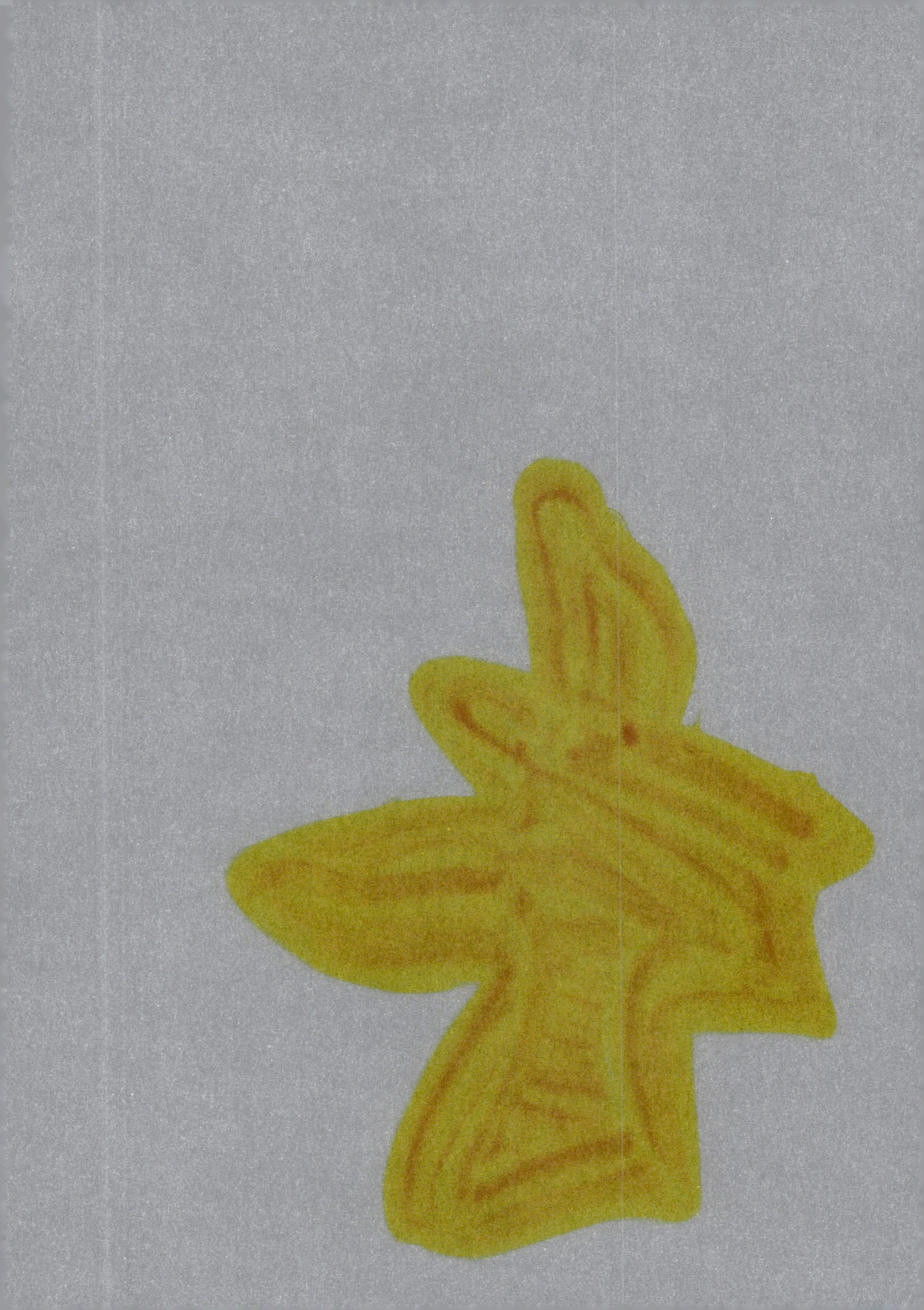

Dès le début de l'ère gothique, les artistes se sont interrogés sur la manière de peindre avec la lumière. Les cathédrales de Chartres ou d'Amiens, la chapelle Notre Dame du Haut à Ronchamp de Le Corbusier, les vitraux d'artistes contemporains comme Gerhard Richter à Tholey ou plus récemment Olafur Eliasson à Greifswald, pour ne citer que ces quelques exemples, en sont des témoignages impressionnants. Tous ont en commun le fait que la couleur et le verre sont translucides. En effet, contrairement à ces dernières, les peintures du commerce appliquées sur le verre, comme les vernis ou les peintures à l'acrylique, projettent une ombre grise. Solweig de Barry a expérimenté différents matériaux et a finalement utilisé l'encre de Chine comme peinture pour obtenir le même effet translucide que celui des vitraux classiques. Solweig de Barry élargit ainsi la peinture bi-dimensionnelle dans l'espace, travaille avec des reflets et des répétitions et intègre le mouvement du soleil et de la lumière. Le jaune rayonne en se reflétant, les silhouettes projettent leur ombre bleue en flottant. Lorsque, en fin d'après-midi, les ombres se sont déplacées sur les murs sous l'effet de la course du soleil, le motif pictural initial s'est encore davantage transformé en formes abstraites. Les ombres colorées entrent alors en dialogue avec les tableaux accrochés. Nous avons délibérément choisi de placer l'exposition pendant la période estivale, ce qui permet d'observer chaque après-midi pendant plusieurs heures le jeu féerique des couleurs dans la pièce.

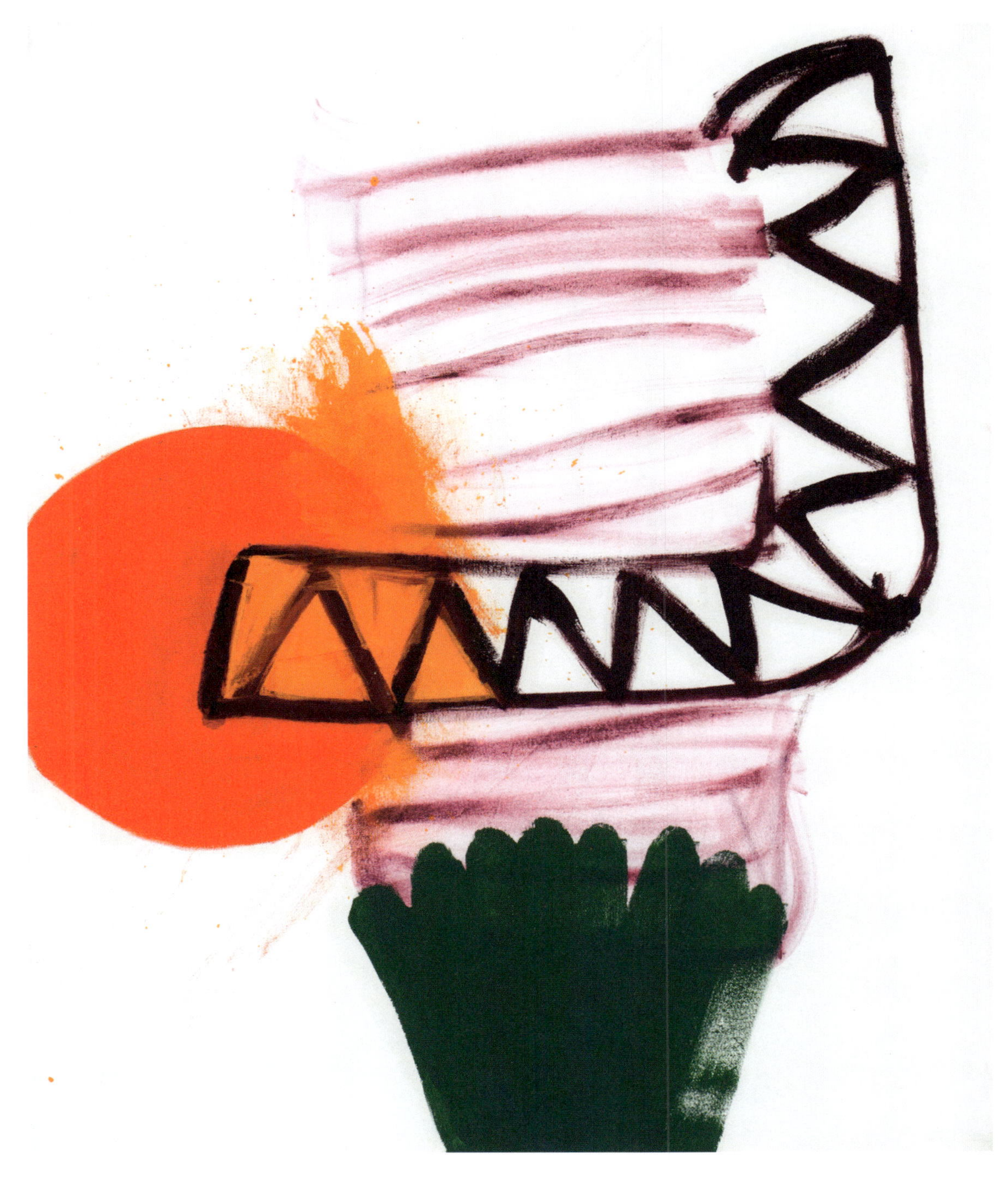

Ohne Titel, 2024, Öl auf Leinwand, 60 × 50 cm

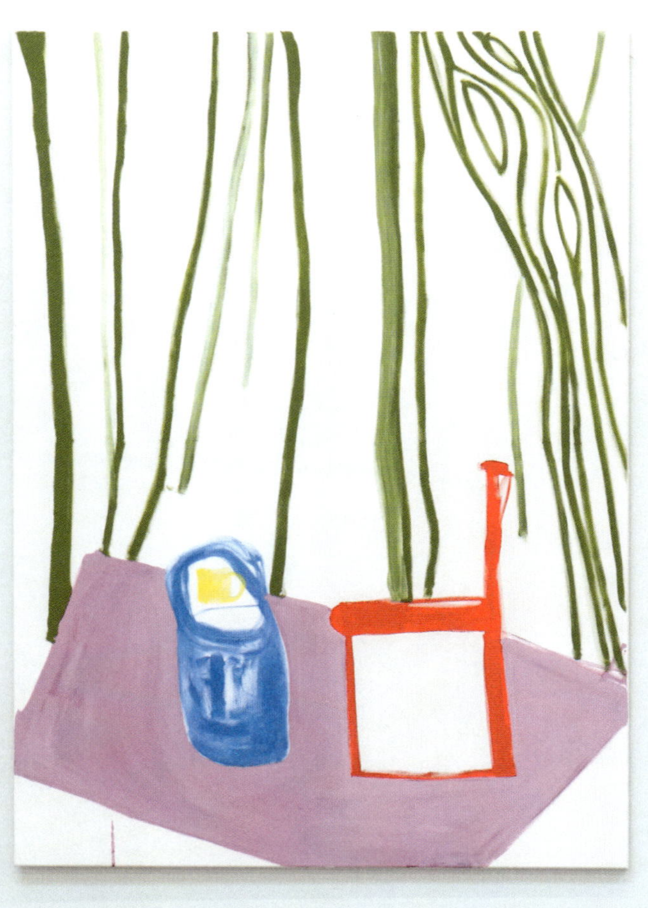

Frühstückstisch I, 2024, Öl auf Leinwand, 190×135 cm

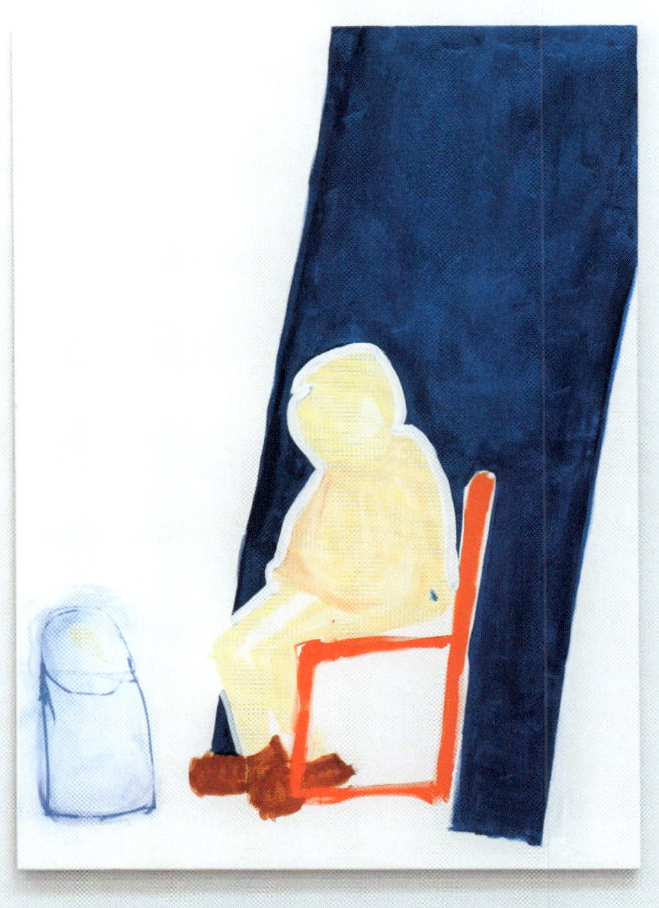

  Frühstückstisch II, 2024, Öl auf Leinwand, 190×135 cm

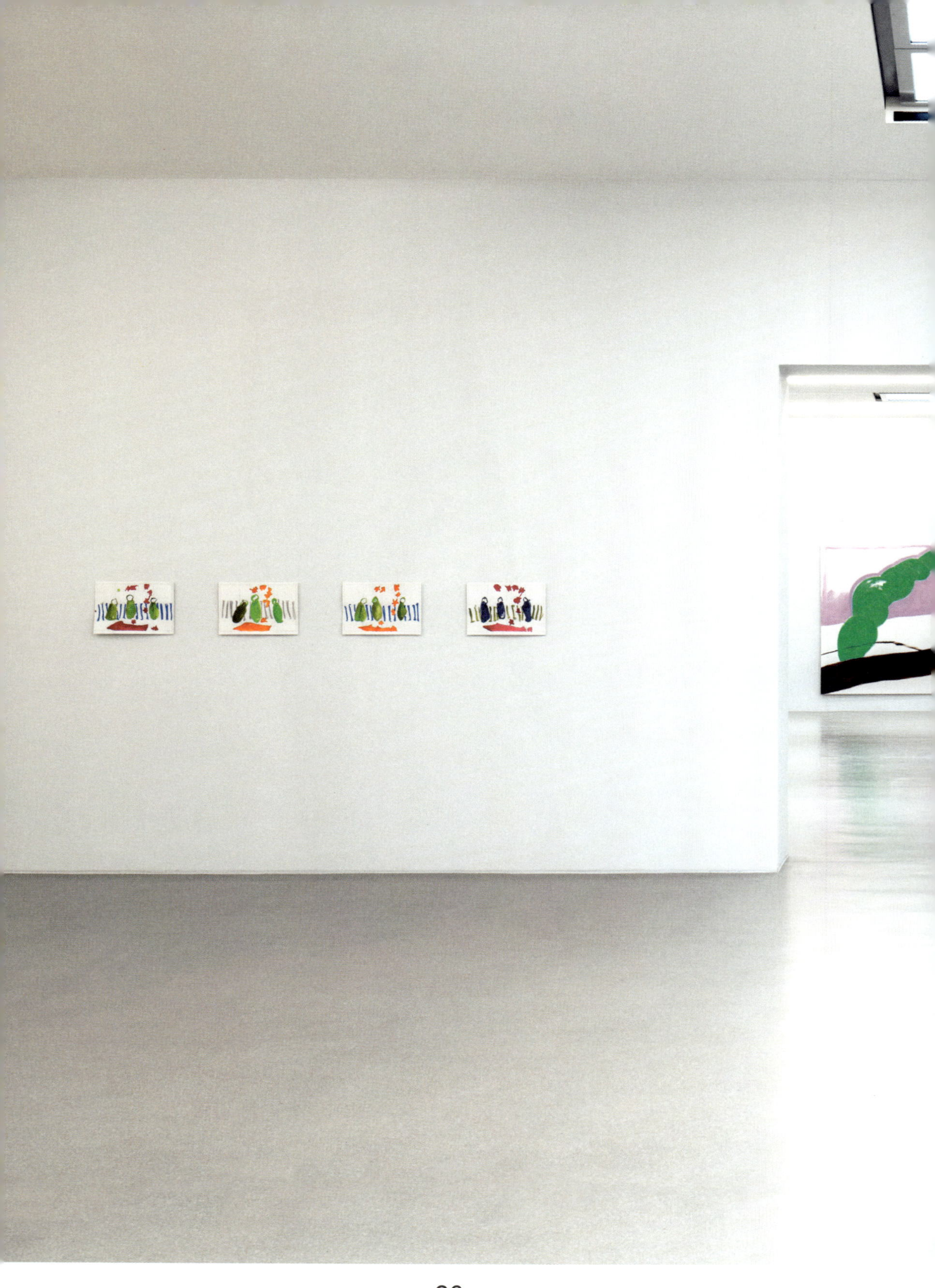

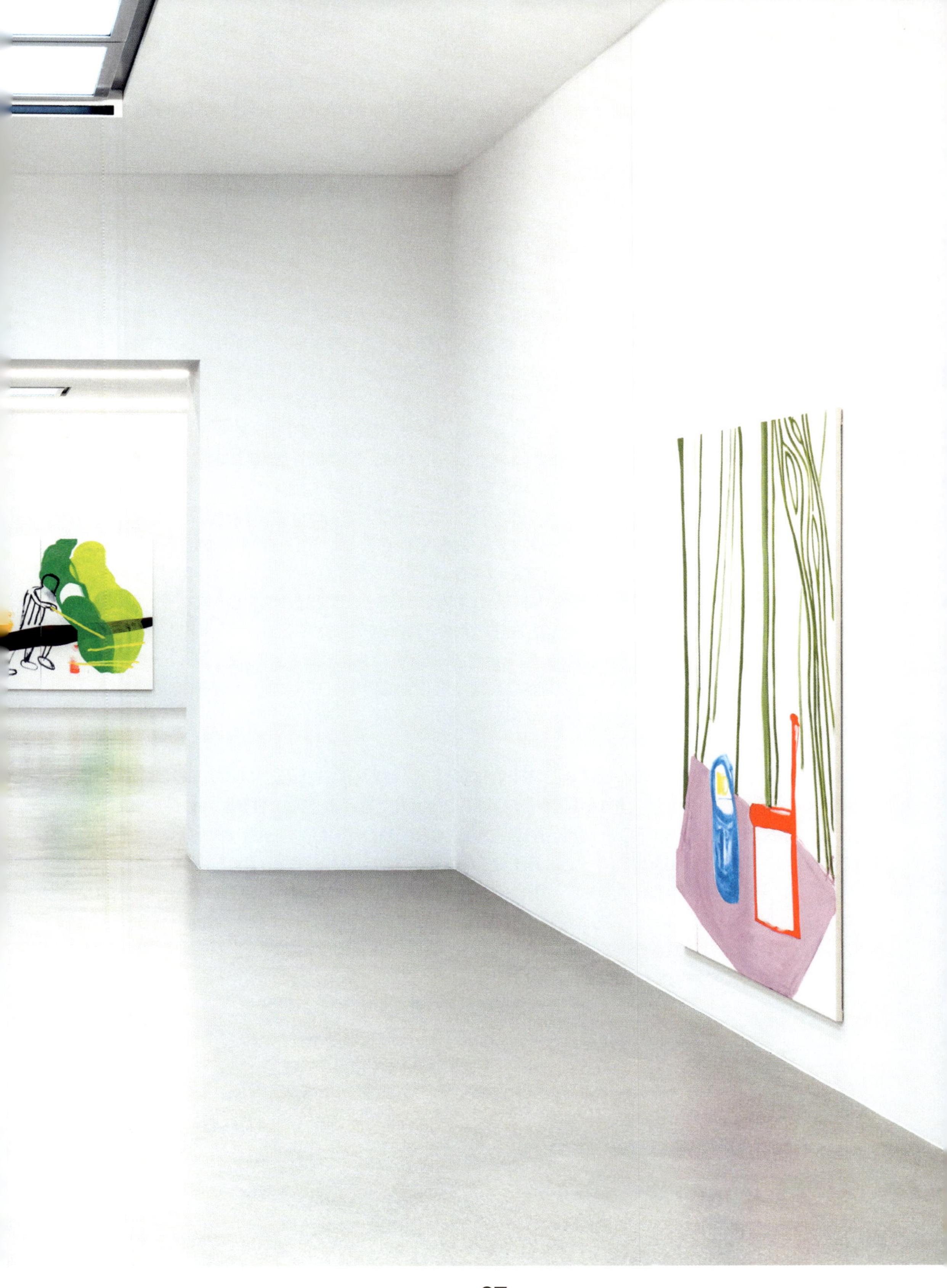

Solweig de Barry's painting alternates between allusion and elaboration, between conceptual distance and intuition, figuration and abstraction, between playful effortlessness and precise decision-making.

As a starting point, the artist initially turns to private photos. These images tend to be of people from her immediate surroundings. However, in the process of painting, this private aspect becomes less important. Solweig de Barry does sometimes still refer to the original motif as a small quotation within the title of the pictures, for instance in the work "Best Friend" or in "Breakfast Table 1" and "Breakfast Table 2". Yet in the working process itself, this initial photograph is nothing more than a formal sketch without any narrative references for the artist. The motifs are abstracted, reassembled or simply omitted and occasionally added to. A deconstruction of what is given and the new construction of forms and colors—these are the movements that Solweig de Barry repeatedly runs through, varies and reformulates both on paper and in parallel on the canvas.

The result is a fragmentary and gestural painting of intimation and formal presence. The artist provides insights into the working process, her corrections and overpaintings remain evident. The process of its creation is visible and yet appears enigmatic. The intellectual examination of painting in terms of its motifs, color surfaces, forms and lines, the painting process and its gestures is further reflected in her serious and, at the same time, playful material experiments.

Since 2023, this has included working with stained glass. In Heilbronn, she has now realized a large painting on the windowpanes of the Kunstverein. "Kirschblütenfest" (Cherry Blossom Festival) is the title of the work. Three blue figures stand in what looks like

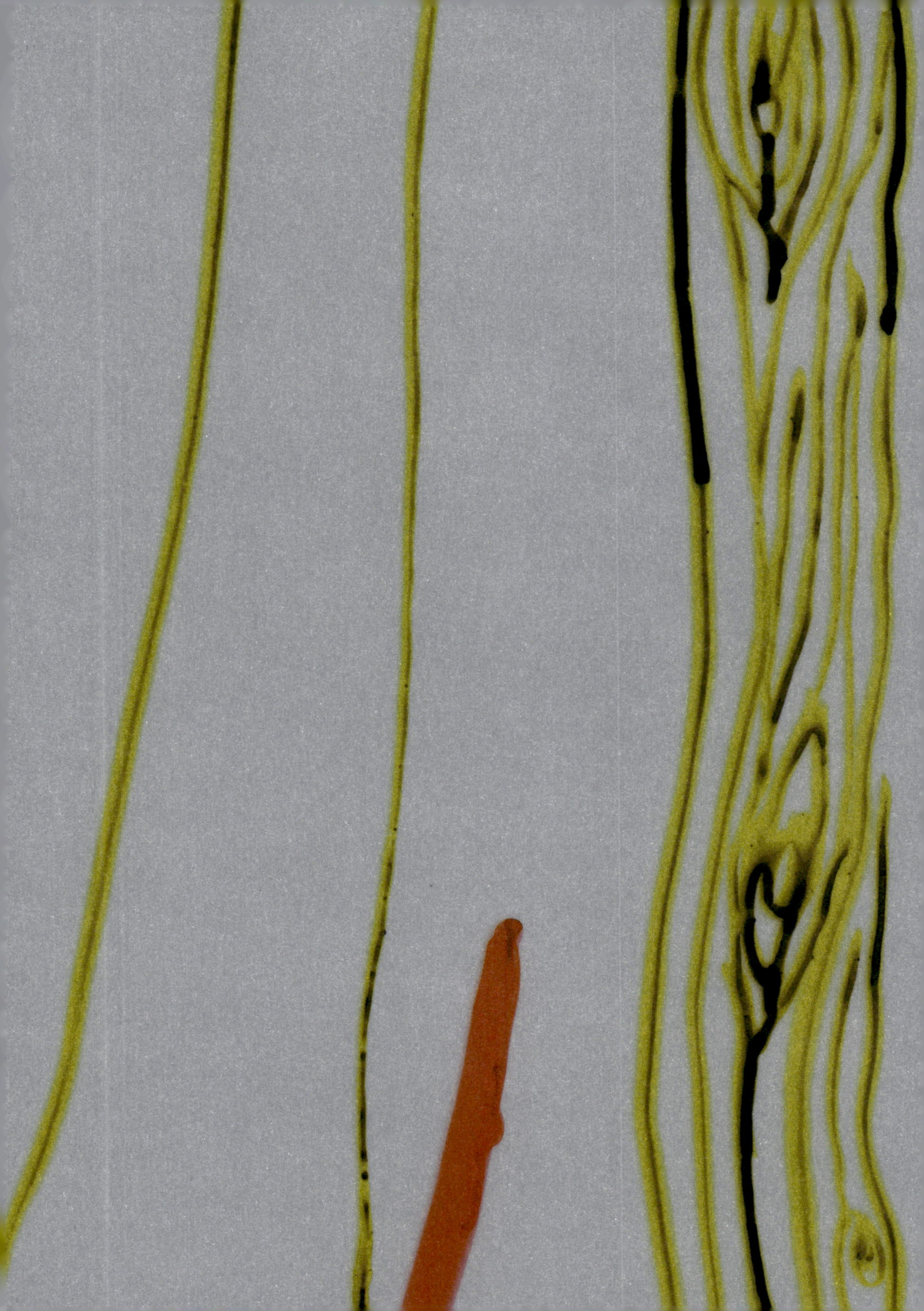

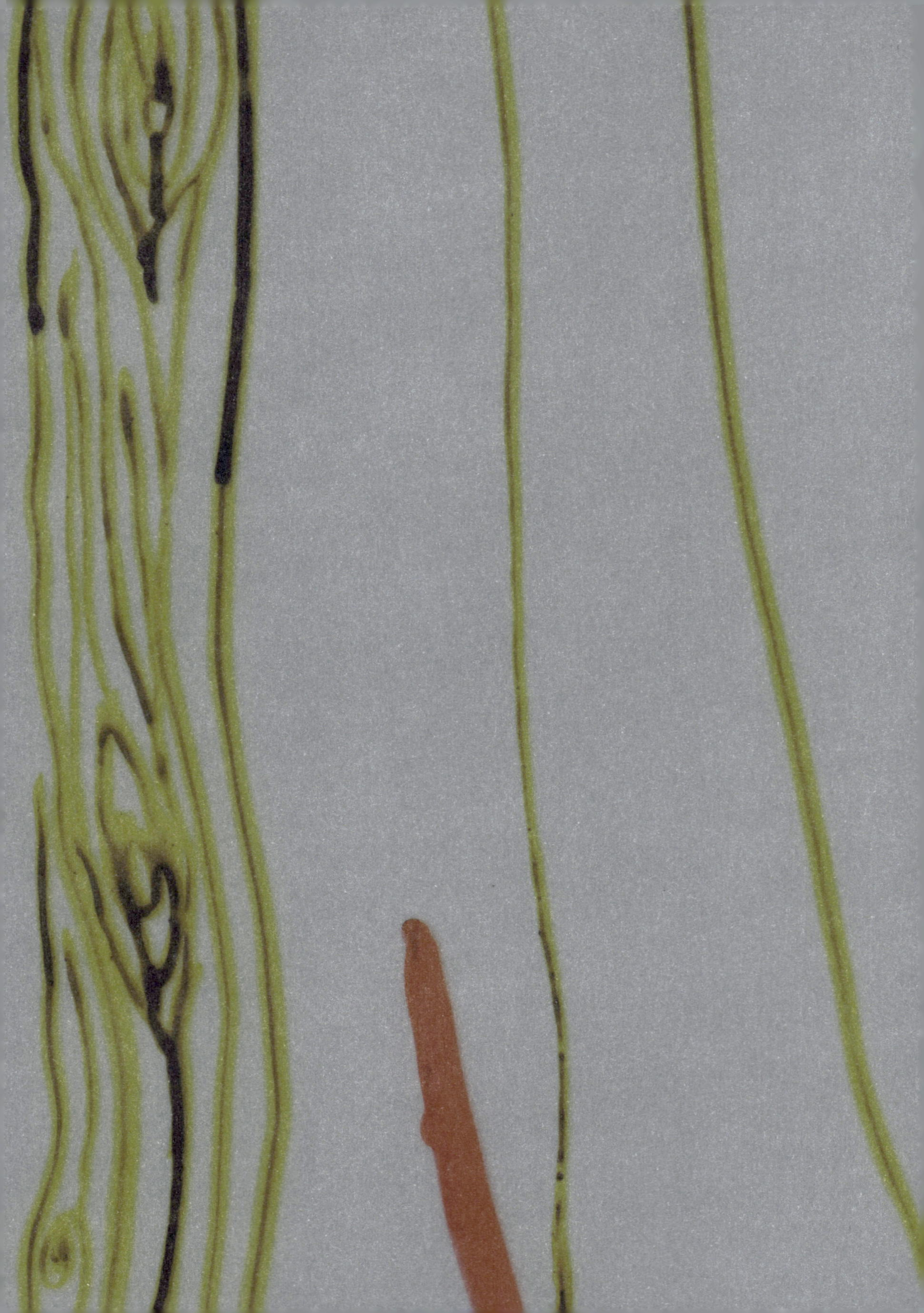

a meadow, with abstract flowers in yellow above them.
Ever since the early Gothic period, artists have been
asking themselves how they can paint with light.
There are impressive examples of this over the
centuries, for example in the cathedrals of Chartres
or Amiens, the Notre Dame du Haut chapel in
Ronchamp by Le Corbusier, to the stained glass
windows of contemporary artists such as Gerhard
Richter in Tholey or, more recently, Olafur Eliasson
in Greifswald, to name just a few. What they all have
in common is that color and glass are translucent. By
contrast, commercially available paints that are applied
to glass panes, such as varnishes or finger paints, actually
cast a gray shadow. Solweig de Barry experimented with
different materials and eventually chose to use ink as a
painting medium in order to achieve the same translucent effect as in classic stained glass windows. Solweig
de Barry thus extends two-dimensional painting into
space; she works with reflections and repetitions and
integrates the movement of the sun and light. The
yellow is radiantly reflective, the figures floatingly cast
their blue shadows. Later in the afternoon, when
these shadows have migrated onto the walls due
to the movement of the sun, the original motif is
transformed even more intensely into abstract forms.
The colorful shadows then enter into a dialogue with
the pictures that are installed there. It was a deliberate
decision to hold the exhibition in the summertime, so
that the enchanting play of colors in the room can be
observed for several hours every day during the
afternoon.

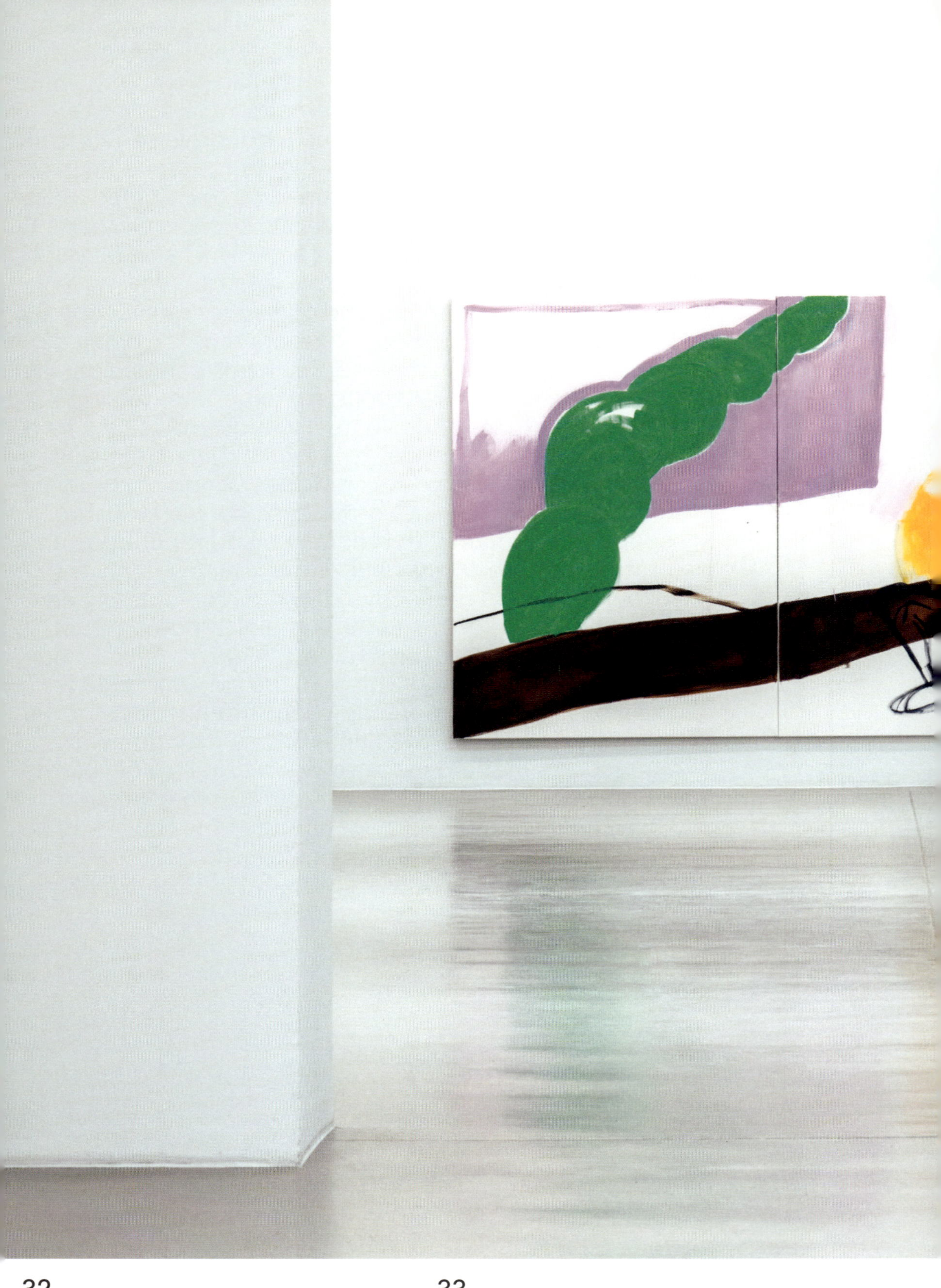

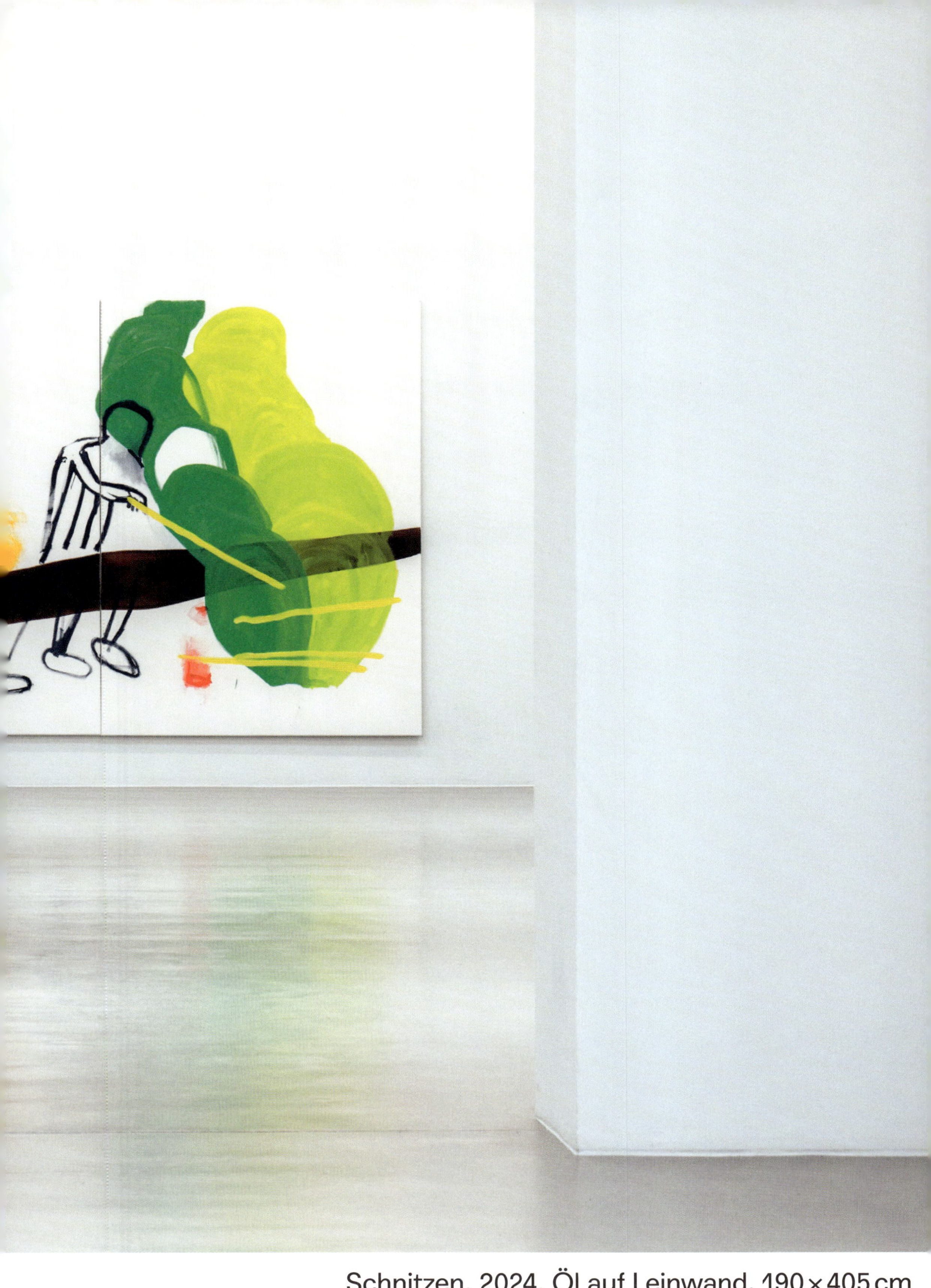

Schnitzen, 2024, Öl auf Leinwand, 190×405 cm

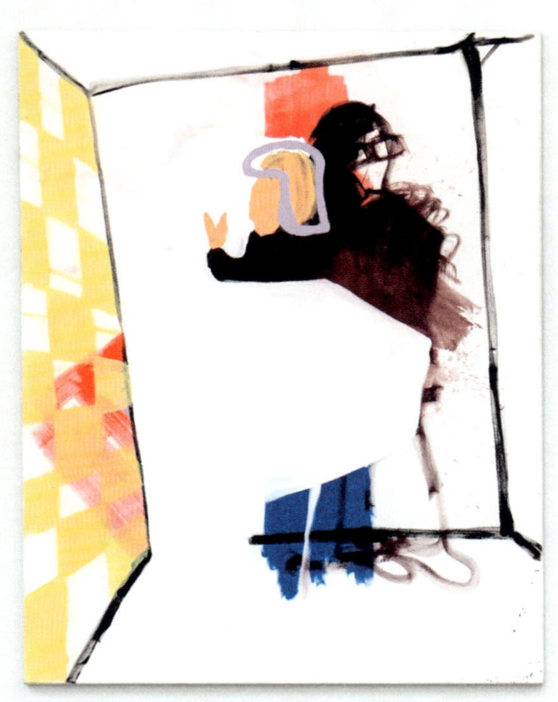

Noch ohne Titel, 2023, Öl auf Leinwand, 130×100 cm

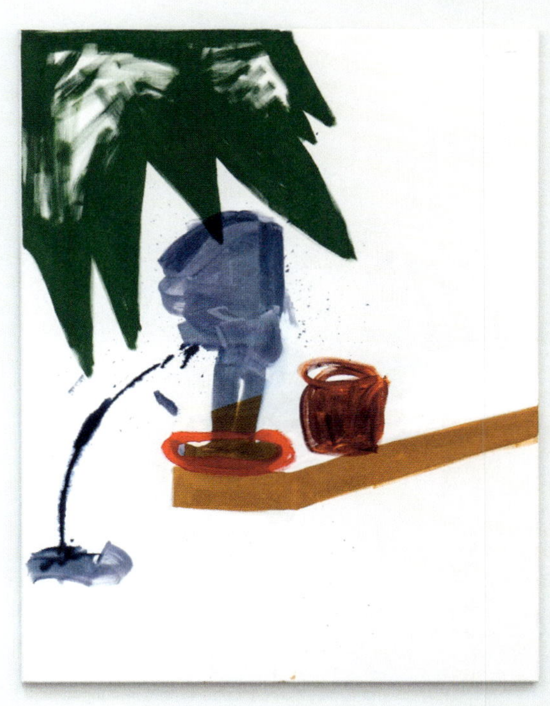

Auf der Mauer, 2024, Öl auf Leinwand, 130×100 cm

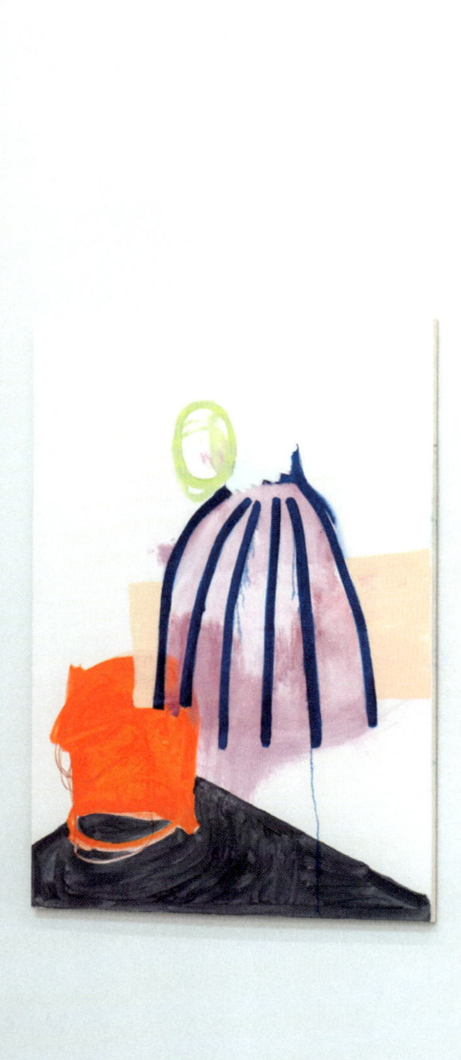

Beste Freundin, 2024, Öl auf Leinwand, 150×120 cm   36

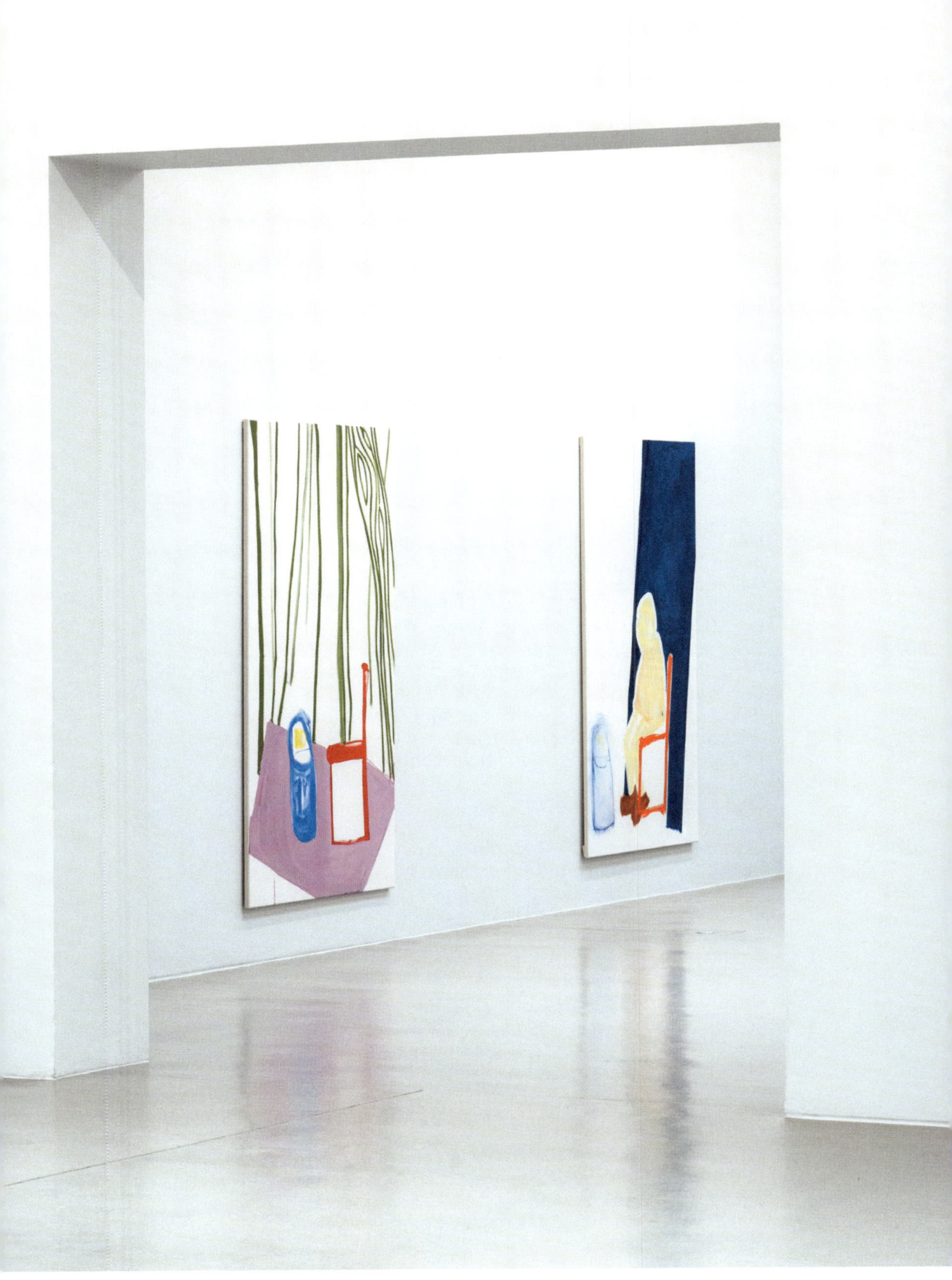

Solweig de Barry

1987   born in Strasbourg, lives in Berlin
2014   Meisterschülerin with Robert Lucander,
Universität der Künste Berlin (UdK)
2008–2014 Fine Arts, Universität der Künste, Berlin
2011–2012 Bezalel, Academy of Arts and Design, Jerusalem, Israel

Awards / Scholarships

2023   Working Grant, Stiftung Kunstfonds, Bonn
2022   Scholarship Neustart Kultur, Stiftung Kunstfonds, Bonn
2022   Scholarship Dorothea Konwiartz Stiftung, Berlin
2022   Short list, Prize for Young Art (Förderpreis Junge Kunst),
Kunstverein Centre Bagatelle, Berlin
2020   Fellowship Goldrausch Künstlerinnenprojekt, Berlin
2015   Short list, Andreas-Kunstpreis from the city of St Andreasberg (D)
2014   Short list, Columbus-Förderpreis, in cooperation with
the contemporary art society in Germany (ADKV)
2014   Short list, Elsa Neumann grant, (NaFöG), Berlin

Solo / Duo Exhibitions

2024   Zwischen Dicht und Dünn, Kunstverein Heilbronn (cat.)
HALTung, with Eva Alter, Institut für Alles Mögliche, Berlin
2023   In der Nähe, with Sidsel Ladegaard,
Salon am Moritzplatz e. V., Berlin
Floating concrete, with Josephine Hans,
Dorothea Konwiarz Stiftung, Berlin
2022   Linie aus zwei Meinungen, Verein Junge Kunst Wolfsburg (cat.)
Perückenstrauch, Kunstverein Neckar-Odenwald e. V., Mosbach
Das Blau im Vorfall, Galerie Weiser Elefant, Berlin
2020   Polo, with Sidsel Ladegaard, car park exhibition, Berlin
2017   Sitzbank, Galerie Asterisk, online
2015   En face, Gemeinsamer Bundesausschuss, Berlin

Selected Group Exhibitions

2024   Grund die Fläche, MP43, Berlin
L'expo.001, La Maison, Kauffenheim (F)
2023   Get together, Kesselhaus, Offenburg
Prototypen und andere seltsame Dinge, Jahresgaben 2023/24,
Kunstverein Arnsberg
Sitting here, thinking of, Raum www at Urban Spree Galerie, Berlin
Geister, at Semmer, Berlin
Umzug, Galerie Vincenz Sala, Berlin
2022   Entre 2, Städtische Galerie Offenburg
Painting for Doro, scholarship holders of Dorothea Konwiarz
Stiftung, Berlin
Förderpreis Junge Kunst 2022, Rathaus-Galerie Reinickendorf, Berlin
Entre 2, Jardin des deux rives, Strasbourg
Ping Pöng, gr_und, Berlin
2021   What energizes you? Bildersaal in der Zukunft am Ostkreuz, Berlin
At a moment in time, Jahresgaben 2020, Kunstverein Arnsberg
2020   Sirene, Goldrausch 2020,
Kunstraum Kreuzberg/Bethanien, Berlin (cat.)
A closed dog, an open blanket, Golden Pudel Club, Hamburg

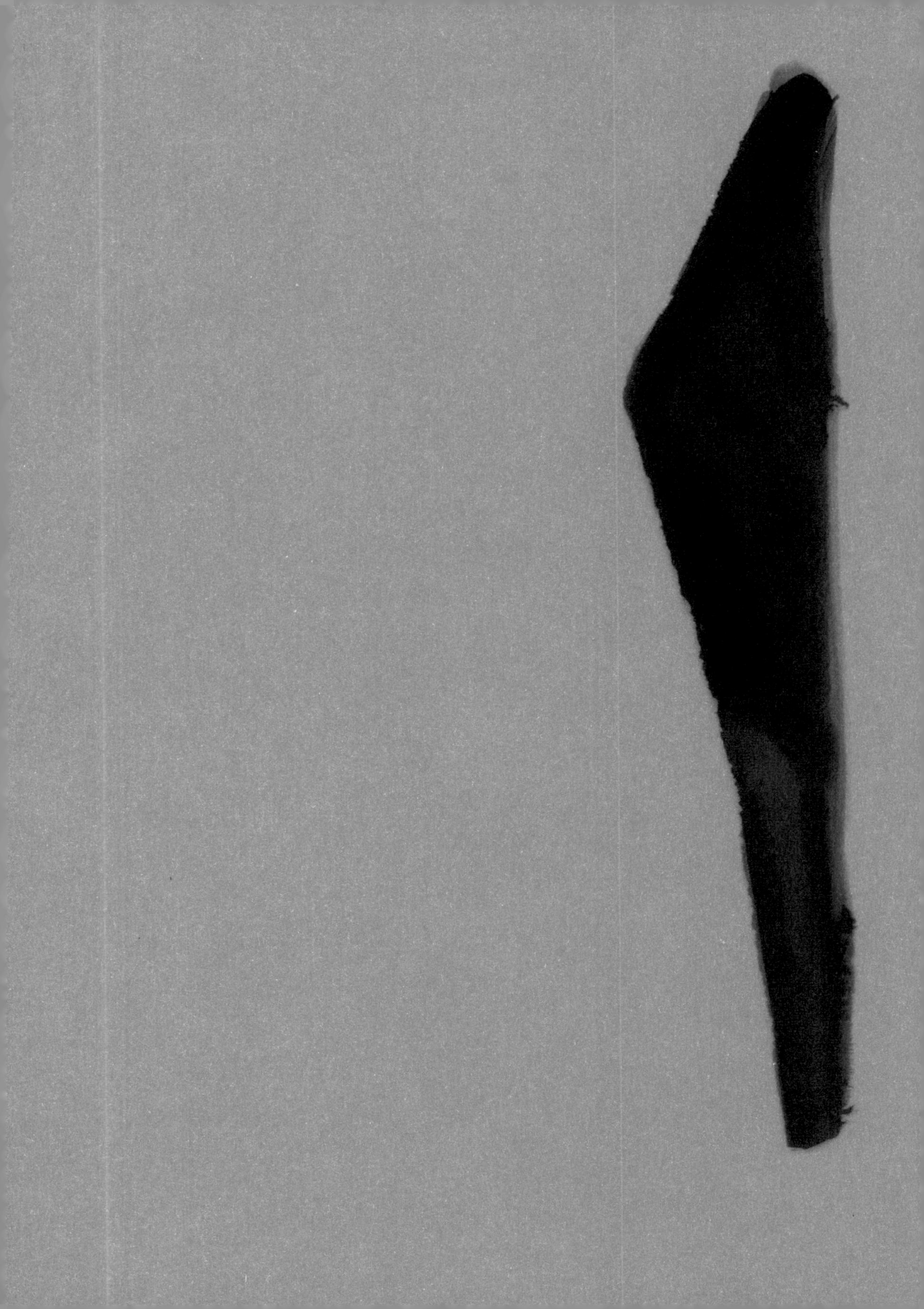

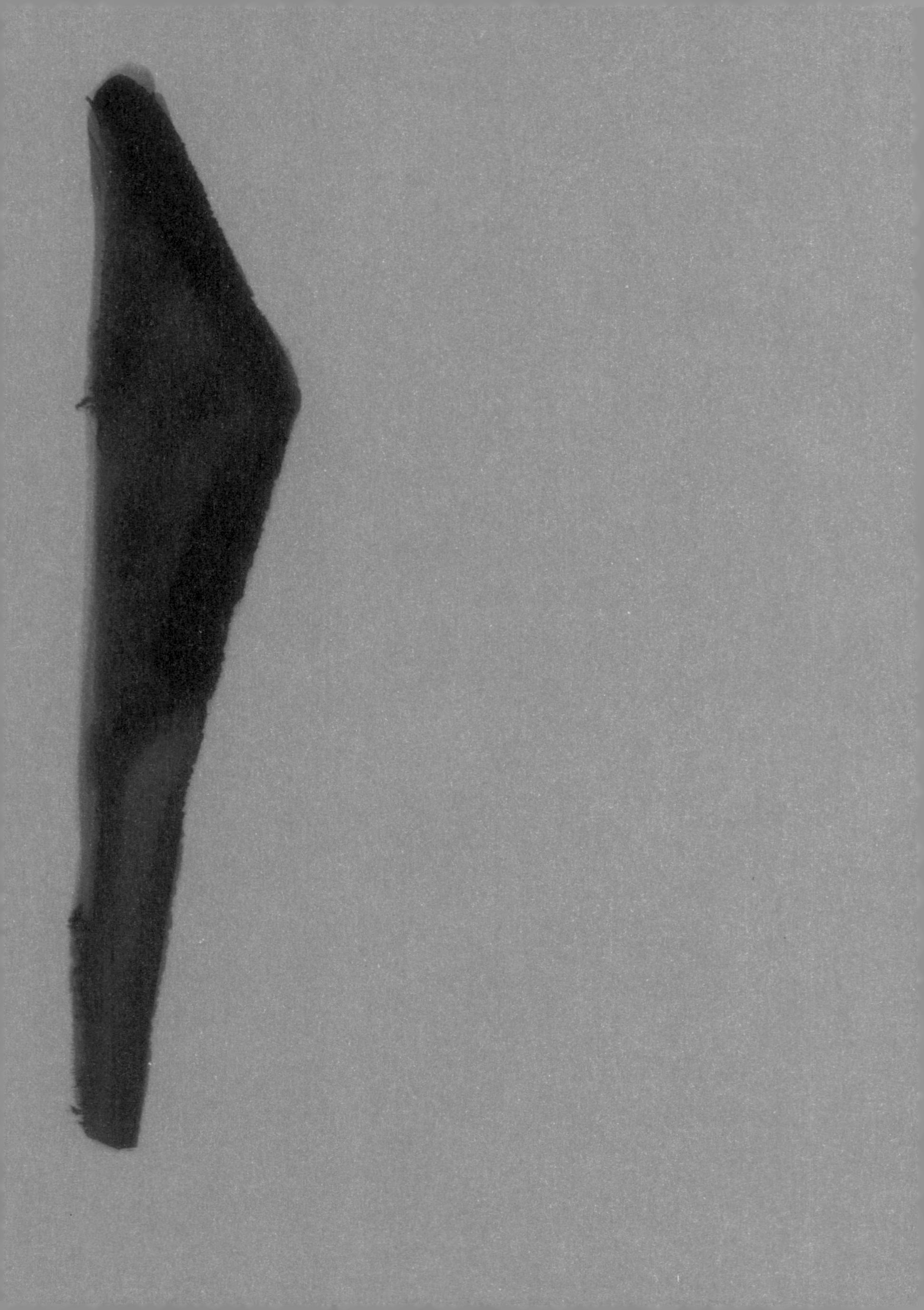

2016	Sarabanda, Arndt Gallery, Berlin
2015	Natur-Mensch, Rathausscheune, St Andreasberg (D)
	Zur Perle, Mindscape Universe, Berlin
	-ndo, Museum Jorge Rando, Malaga
2014	Fluid, CuatroH, New York City
	Schau06, SchauWerk, Malzfabrik, Berlin
	Kaiserpanorama, Pracht, Leipzig
2013	Kammerflimmern, Kammermusiksaal Friedenau, Berlin
	Schau mal, curated by Jan-Philipp Sexauer, Schaufenster, Berlin
	Nachschlag, Uferhallen, Berlin
2012	ikametgâh kadiköy, Istanbul bienale
	Miss street II, Yiron Street, Jerusalem
	Miss street I, Yosef Ben Matatiahu Street, Jerusalem

Projects

2016	Ill seen, ill sead, Mindscape Universe, Berlin
2015	Yop la boum, Mindscape Universe, Berlin
	Ueberhour, Mindscape Universe, Leipzig
	Fan Letters, Mindscape Universe, Berlin
	Kann uns erwärmen, was nicht brennen kann?, Mindscape Universe, Berlin
2011	3D comic strip box, Freie Klasse Berlin, Fusion-Festival, Müritz (D)
	Back to Mutti, Freie Klasse Berlin, HAU OUTDOOR, Berlin
2010	Back to Mutti, Freie Klasse Berlin, Fusion-Festival, Müritz (D)
	Gallifizierung, Freie Klasse Berlin and Interflugs, Gängeviertel, Hamburg

Publications

2024	Zwischen Dicht und Dünn, ed. Kunstverein Heilbronn/Snoeck, Cologne
2022	Linie aus zwei Meinungen, ed. Verein Junge Kunst Wolfsburg
2020	Solweig de Barry, ed. Goldrausch Künstlerinnenprojekt, Berlin
2013	Harvest Art Collection Zoofenster, ed. Waldorf-Astoria, Berlin

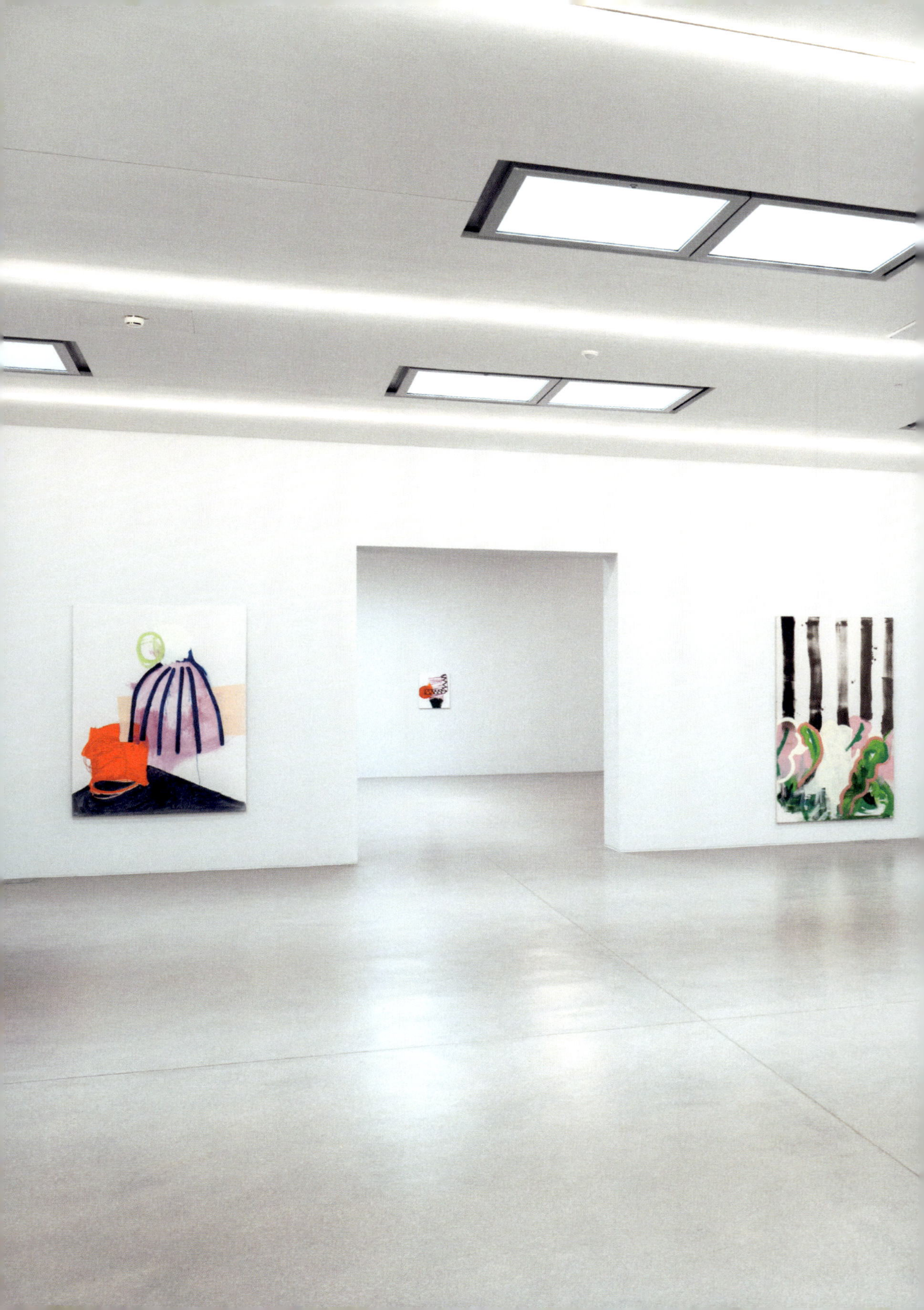

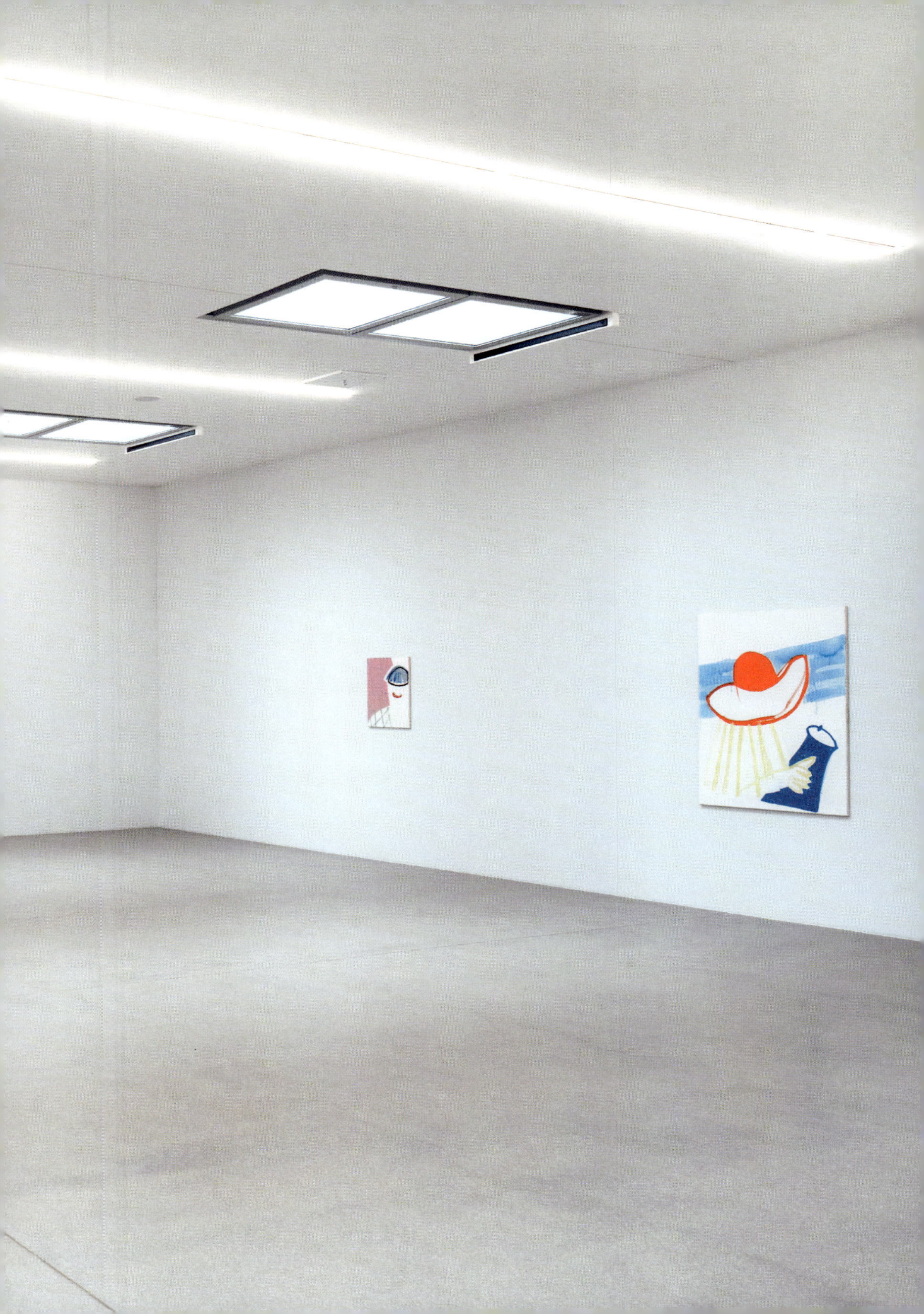

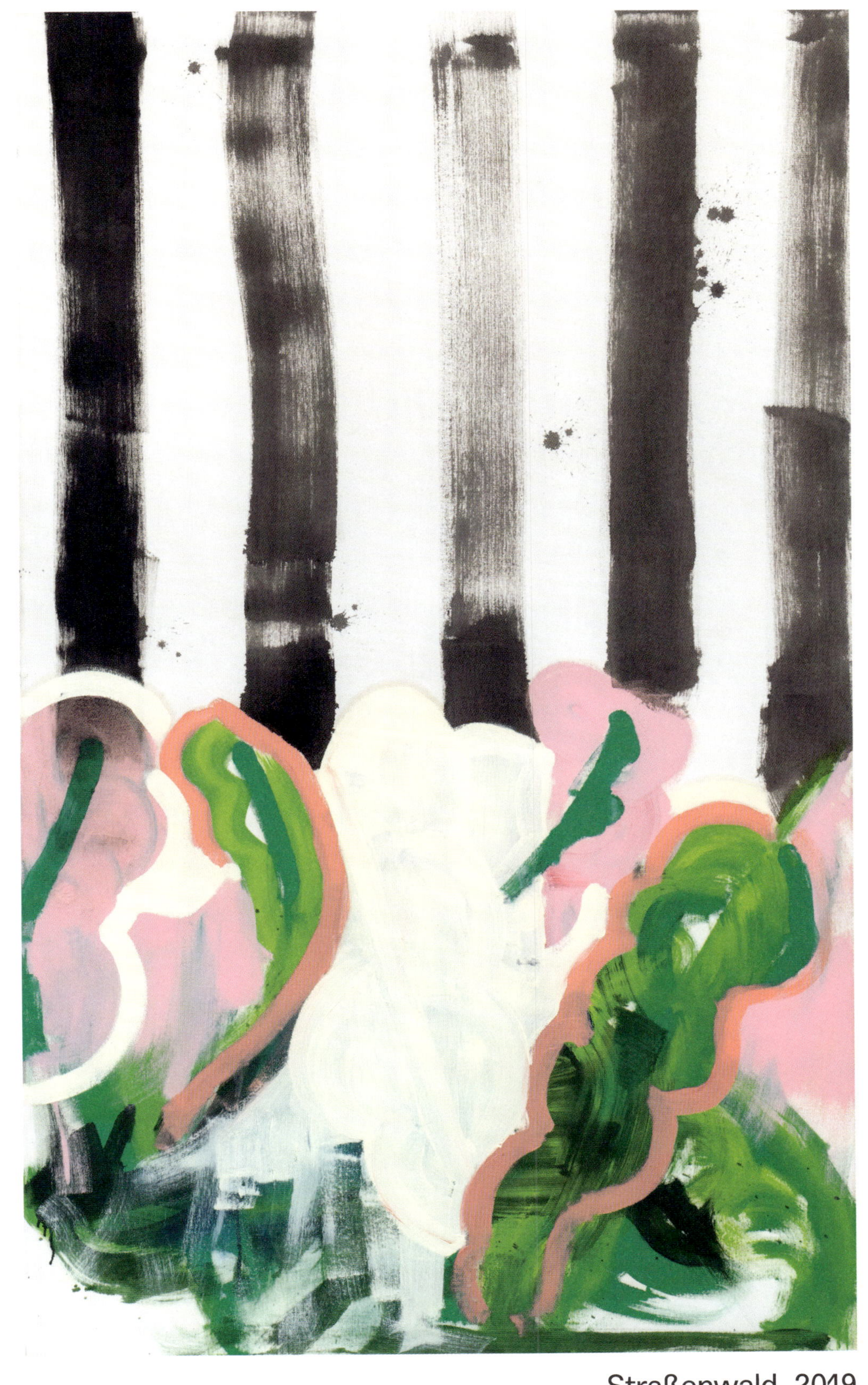

Straßenwald, 2019
Öl und Tusche auf Leinwand, 200×120 cm

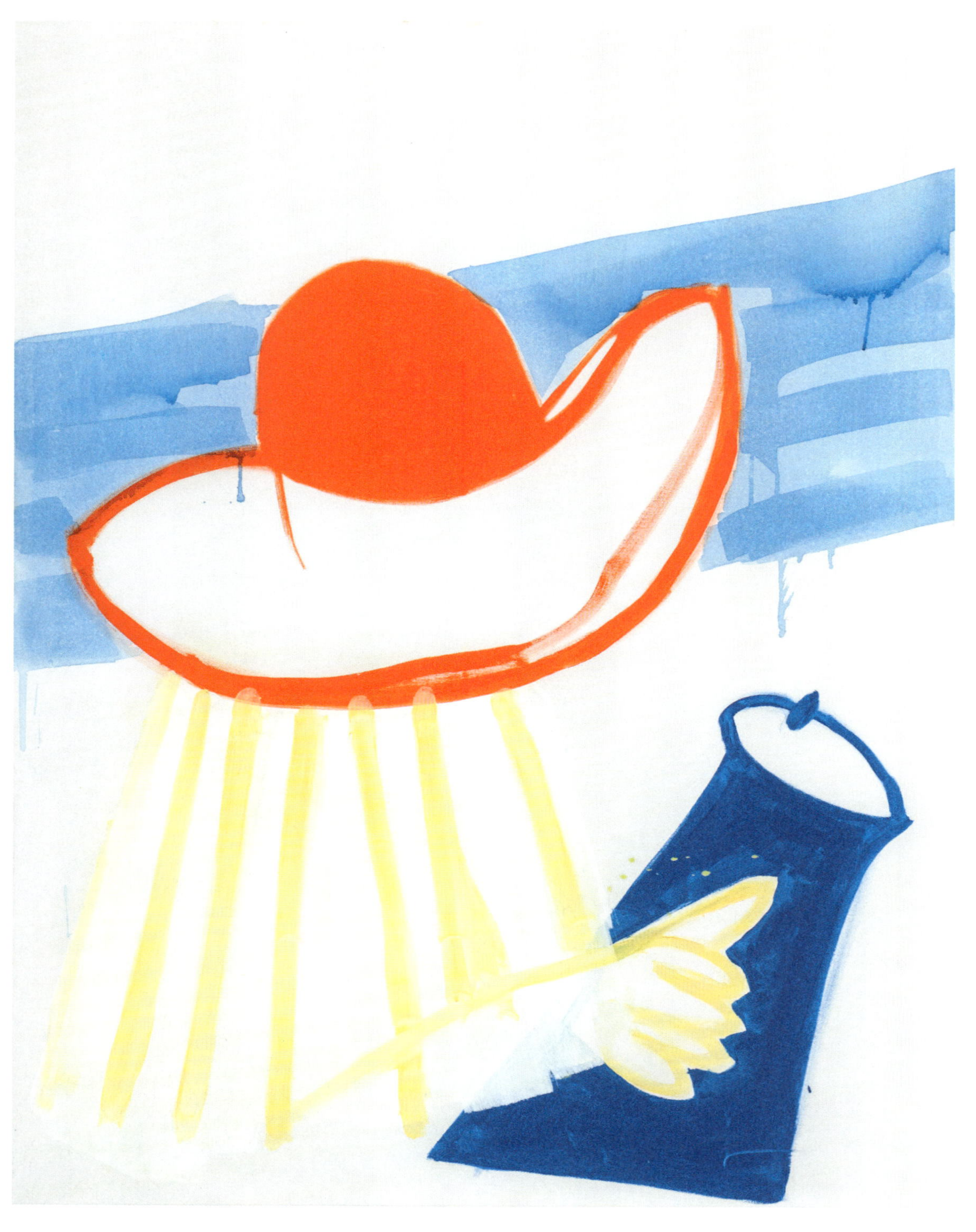

Noch ohne Titel, 2024
Öl und Tusche auf Leinwand, 130 × 100 cm

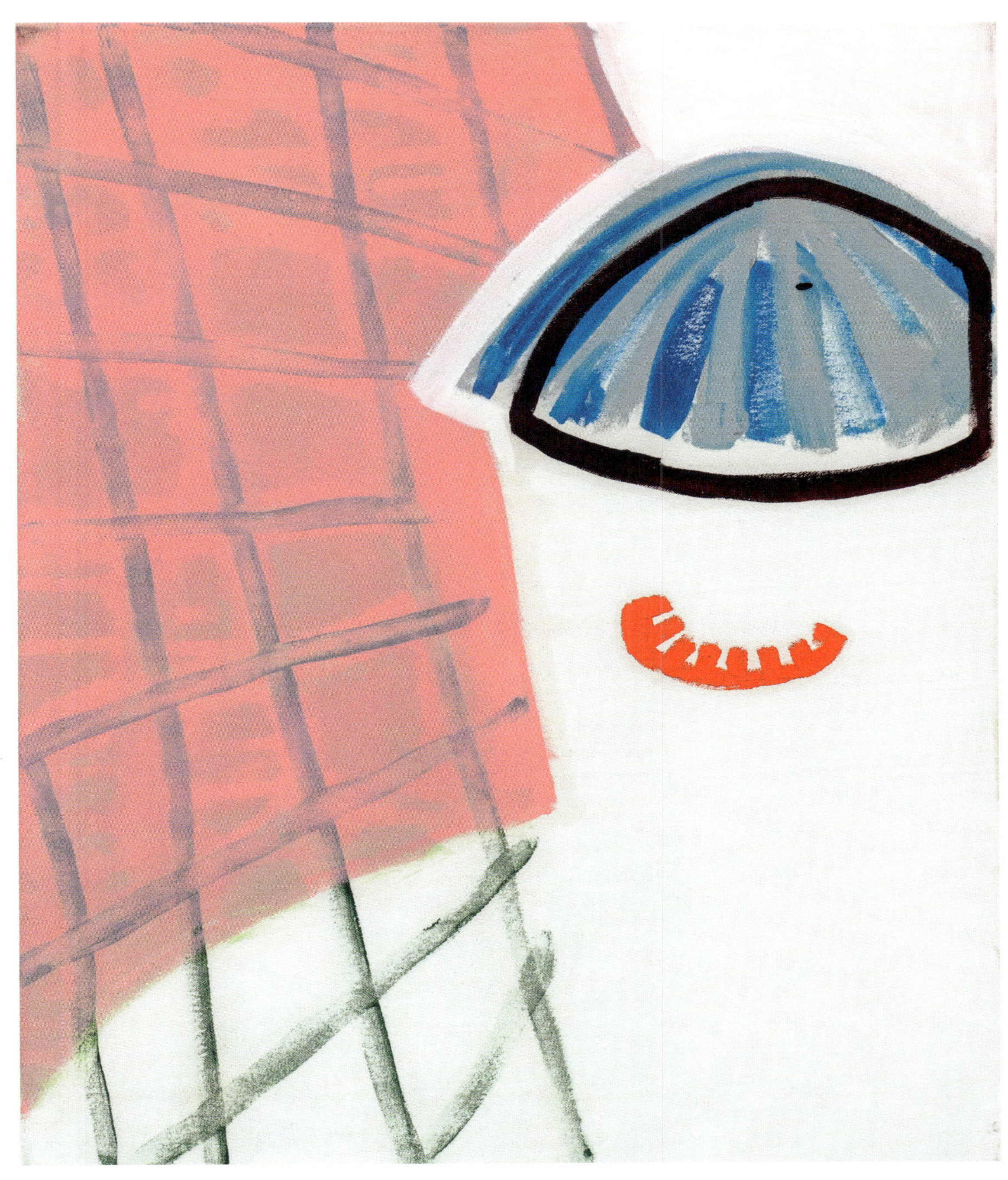

Ist schon gut!, 2024
Öl auf Leinwand, 60 × 50 cm

Impressum   Colophon   Mentions légales

Dieser Katalog erscheint anlässlich der Ausstellung
This catalog has been published to accompany the exhibition
Ce catalogue est publié à l'occasion de l'exposition

Solweig de Barry   Zwischen Dicht und Dünn

                        Kunstverein Heilbronn
                        18.5.–8.9.2024

Grafisches Konzept   kela-mo, Berlin
Graphic design
Conception graphique

Fotografie   kela-mo, Berlin
Photography
Photographie

Übersetzung   Susie Hondl (D→E), Solweig de Barry (D→F)
Translation
Traduction

Herstellung   Snoeck Verlagsgesellschaft mbH
Production   Postfach 130217, 50496 Köln
                        www.snoeck.de

© 2024   Solweig de Barry / Kunstverein Heilbronn
                        Snoeck Verlagsgesellschaft mbH

                        ISBN 978-3-86442-444-1

                        Printed in Germany

Kunstverein Heilbronn   Allee 28
Kunsthalle Vogelmann   74072 Heilbronn
                        www.kunstverein-heilbronn.de

Dank für Unterstützung an   Kindly supported by   Avec l'aimable soutien de

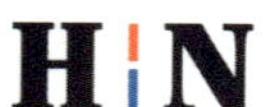
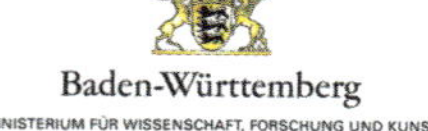
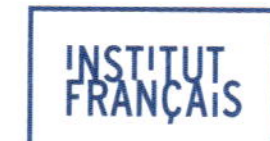
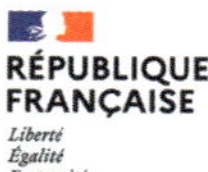